2025년도
서울고시각
9급 운전직 공무원

자동차구조원리 및 도로교통법규

FINAL 모의고사

정답 및 해설

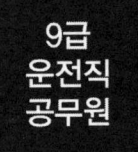

자동차구조원리 및 도로교통법규 1회 정답 및 해설

Answer

01 ④	02 ③	03 ④	04 ④	05 ③	06 ②	07 ①	08 ③	09 ②	10 ④
11 ②	12 ②	13 ④	14 ④	15 ①	16 ④	17 ④	18 ④	19 ①	20 ①

01 정답 ④

난이도 : B

1PS＝75kg$_f$・m/s＝0.735kW이고
100PS＝7500kg$_f$・m/s＝73.5kW이므로 ④의 74kW가 가장 큰 일률에 해당한다.
참고로 N・m는 일률이 아닌 일의 단위이다.

기출문제 유형 경북(2022)

▶ 단위 시간 동안 전기장치에 공급되는 전기에너지, 또는 단위 시간 동안 다른 형태의 에너지로 변화되는 전기에너지를 뜻하는 것은?

① 전류 ② 전압
③ 전력 ④ 전력량

해설) ① 전류 : 전하의 흐름으로, 정량적으로는 단면을 통하여 단위 시간당 흐르는 전하의 양이다.
④ 전기가 일정 시간 동안 하는 일의 양으로, 주로 전기/전자 기기의 소비 전력량을 나타낼 때 사용한다. 단위는 와트시(Wh)를 사용한다.

정답 ③

02 정답 ③

난이도 : C

정답	정답률(%)	응시인원	선지별 응답자 수				
			①	②	③	④	오류
③	58.3	24	2	1	14	6	1

③ 토크컨버터 내부의 댐퍼클러치는 엔진과 변속기의 동력을 기계적으로 직결시켜 유체에 의한 동력손실을 줄여 연비향상에 도움이 된다. 댐퍼클러치는 토크 증대의 기능이 없다.

기출문제 유형
대구(2018)

▶ **토크컨버터의 록업 기구에 대한 설명으로 맞는 것은?**

① 유체의 흐름을 펌프의 회전하는 방향으로 전환시킨다.
② 터빈이 고속으로 회전 시 스테이터를 공전시켜 유체 운동에 방해되지 않게 한다.
③ 펌프와 터빈을 기계적으로 직결하여 전달효율을 높인다.
④ 펌프의 유체 운동을 받아 회전하여 토크를 전달한다.

해설) 록업 기구(클러치) = 댐퍼클러치
자동차의 주행속도가 일정한 값에 도달하면 토크컨버터의 펌프와 터빈을 기계적으로 직결시켜 미끄러짐에 의한 손실을 최소화하여 정숙성을 도모하며, 클러치점 이후에 작동을 시작한다.

정답 ③

---

03 정답 ④

난이도 : B

정답	정답률(%)	응시인원	①	②	③	④	오류
④	30	20	6	3	5	6	0

① 모듈레이터(modulator) : ABS 장치의 액추에이터
② OBC(On Board Charger) : 외부로부터 AC전원(110~220V)을 이용하여 DC로 변환한 후 배터리를 완속 충전하는 부품으로 컨버터의 일종이다.
③ VCU(Vehicle Control Unit) : 전기자동차에서 구동 모터 제어, 회생제동 제어, 공조 부하 제어, 전장 부하 전원 공급 제어, 클러스터(계기판) 표시 및 진단 등 차량 제어를 하는 데 전반적으로 관여한다.

기출문제 유형
서울(2022)

▶ **전기자동차에서 완속 충전 시 외부 교류전원(AC)을 승압시키고 직류전원(DC)으로 변환하여 고전압 배터리에 충전시키기 위한 장치로 가장 옳은 것은?**

① MCU(Motor Control Unit)
② BMS(Battery Management System)
③ LDC(Low voltage DC-DC Converter)
④ OBC(On-Board Charger)

해설) ① MCU(Motor Control Unit) : 고전압 모터 제어기로 인버터가 포함되어 있다.
② BMS(Battery Management System) : 고전압 배터리 제어기로 일반적으로 배터리 패키지에 장착되어 있다.
③ LDC(Low voltage DC-DC Converter) : 고전압 배터리의 전원을 이용하여 저전압 배터리를 충전하는 장치이다.
④ OBC(On-Board Charger) : 차량 내부에 설치된 배터리 충전기로 완속 충전을 담당한다.

정답 ④

04 정답 ④ 난이도 : A

④ F·R 방식은 슬립이 심한 도로를 선회할 때 오버스티어 현상이 두드러지게 발생되기 때문에 주행안정성이 언더스티어 현상이 발생되는 F·F 방식보다 상대적으로 떨어지게 된다.

> **기출문제 유형** 충남(2023)
>
> ▶ 앞엔진 앞바퀴 구동방식(F·F)의 특징으로 가장 거리가 먼 것은?
> ① 험로에서 조향안정성이 뛰어나다.
> ② 제작 시 부품의 수를 줄일 수 있어 경제적이다.
> ③ 군용차량이나 험한 도로에서 사용되기에 적합한 방식이다.
> ④ 실내공간이 넓어지고 무게가 가볍다.
>
> 정답 ③

05 정답 ③ 난이도 : D

정답	정답률(%)	응시인원	①	②	③	④	오류
③	78.9	19	0	1	15	3	0

> **기출문제 유형** 전북(2016·2020), 경남(2018)
>
> ▶ 일체차축의 현가방식의 특징으로 맞는 것은?
> ① 주로 판스프링을 사용하며 감쇠작용이 작아 쇽업소버를 병용해 사용한다.
> ② 스프링 밑 질량이 커서 승차감이 좋은 편이다.
> ③ 스프링 강성이 커서 선회 시 차량의 기울기가 적다.
> ④ 바퀴에 시미현상이 발생하였을 때 대응이 용이하다.
>
> 해설) ① 판스프링은 판간 감쇠작용이 가능하므로 반드시 쇽업소버를 병용하지 않아도 된다.
> ② 스프링 밑 질량이 커서 승차감이 좋지 않다.
> ④ 바퀴에 시미현상이 발생하였을 때 대응하기 어렵다.
>
> 정답 ③

06 정답 ② 난이도 : C

정답	정답률(%)	응시인원	①	②	③	④	오류
②	61.1	18	2	11	3	2	0

3원 촉매 장치의 정화율은 320℃ 이상, 그리고 이론 공연비 부근에서 높은 정화율을 나타낸다.

> **기출문제 유형**   경기(2022)

▶ 촉매 변환기에 대한 설명으로 거리가 먼 것은?

① CO, HC를 CO_2, H_2O로 산화 반응시킨다.
② 고온에서 많이 발생되는 NOx를 환원 반응을 통해 NO_2로 바꿀 수 있다.
③ 이론적 공연비에 가깝게 제어하여 촉매 변환기의 정화율을 높일 수 있다.
④ 벌집 모양 틀에 백금, 로듐을 코팅하여 사용한다.

해설) 질소산화물을 환원하기 위해 수소나 탄소가 활용된다. 즉, 수소를 활용할 경우 질소가 환원되고 H_2O가 생성된다. 만약 탄소를 사용할 경우 질소는 환원되고 CO_2가 생성된다.

정답 ②

07 정답 ①   난이도 : D

정답	정답률(%)	응시인원	①	②	③	④	오류
①	47.8	23	11	3	6	3	0

선지별 응답자 수

① 인터쿨러는 임펠러와 흡기 다기관 사이에 설치되어 흡입공기를 냉각시키는 역할을 한다.

> **기출문제 유형**   대전(2019)

▶ 과급기에 대한 설명으로 옳은 것은?

① 인터쿨러는 배기 쪽에 설치되어 배출가스의 온도를 떨어뜨려 터빈이 원활하게 작동될 수 있도록 도와준다.
② 과급기는 배기가스에 의해 작동되는 루트식과 엔진의 동력을 이용하는 터빈식이 있다.
③ 과급기를 설치하면 엔진의 중량은 10~15% 정도 증가하게 되지만 35~45%의 출력을 증가시킬 수 있다.
④ 디퓨저는 기체의 통로를 좁게 하여 유체의 흐름 속도를 빠르게 하여 압력을 높이게 하는 장치로 체적 효율을 향상시킬 수 있다.

해설) ① 인터쿨러는 임펠러와 흡기 다기관 사이에 설치되어 흡입공기를 냉각시키는 역할을 한다.
② 과급기는 배기가스에 의해 작동되는 터빈식과 엔진의 동력을 이용하는 루트식이 있다.
④ 디퓨저는 기체의 통로를 넓게 하여 유체의 흐름 속도를 느리게 하여 압력을 높이는 장치로 체적 효율이 향상된다.

정답 ③

08 정답 ③   난이도 : E

정답	정답률(%)	응시인원	선지별 응답자 수				
			①	②	③	④	오류
③	65.2	23	0	2	15	6	0

③ 고속 고압축비 기관에는 냉형 점화플러그를 사용하여야 하고 중심전극 주변의 방열 경로가 짧아 열 받는 면적이 작은 것이 특징이다.

> **기출문제 유형** 서울(2016)
>
> ▶ 점화플러그가 갖추어야 할 조건으로 옳지 않은 것은?
>
> ① 열의 발산(방산)이 느릴 것 ② 기계적 충격에 잘 견딜 것
> ③ 기밀유지가 가능할 것 ④ 열적 충격 및 고온에 견딜 것
>
> 정답 ①

09 정답 ②   난이도 : D

정답	정답률(%)	응시인원	선지별 응답자 수				
			①	②	③	④	오류
②	66.6	24	2	16	2	3	1

◆ 첨단 운전자 지원 시스템 ADAS
① 정속 주행장치
  ⓐ 크루즈 컨트롤(Cruise Control) : 정속주행 – 설정 속도로 가속 페달 작동 없이 주행
  ⓑ 스마트 크루즈 컨트롤(Smart Cruise Control) : CC + 앞 차량과 일정거리 유지
  ⓒ SCC w/S&G(SCC with Stop & Go) : SCC + 앞차 정차・출발 연동 제어
  ⓓ NSCC(Navigation-based Smart Cruise Control) : SCC w/S&G + 속도제한 제어
③ 전방 충돌 방지 보조 장치 FCA(Forward Collision-avoidance Assist) (AEB)
④ 전진 주행 보조 장치
  ⓐ 차로 이탈 경고 LDW(Lane Departure Warning) : 차선 이탈 검출 시 경고
  ⓑ 차로 이탈 방지 보조장치 LKA(Lane Keeping Assist) : 차선 이탈 감지 + 차선 유지
  ⓒ 후측방 충돌 경고 BCW(Blind-spot Collision Warning) : 사각지대 접근차량 경고
  ⓓ 후측방 충돌 방지 보조 BCA(Blind-spot avoidance Assist) : BCW + 차선 유지

> **기출문제 유형** 서울(2014)
>
> ▶ 통상 자동차 출발 전 운전석 앞 계기판에서 경고등으로 확인할 수 있는 사항은?
>
> ① 엔진오일의 점도 ② 냉각수 비중
> ③ 주차 브레이크 잠김 상태 ④ 타이어 마모상태

해설)

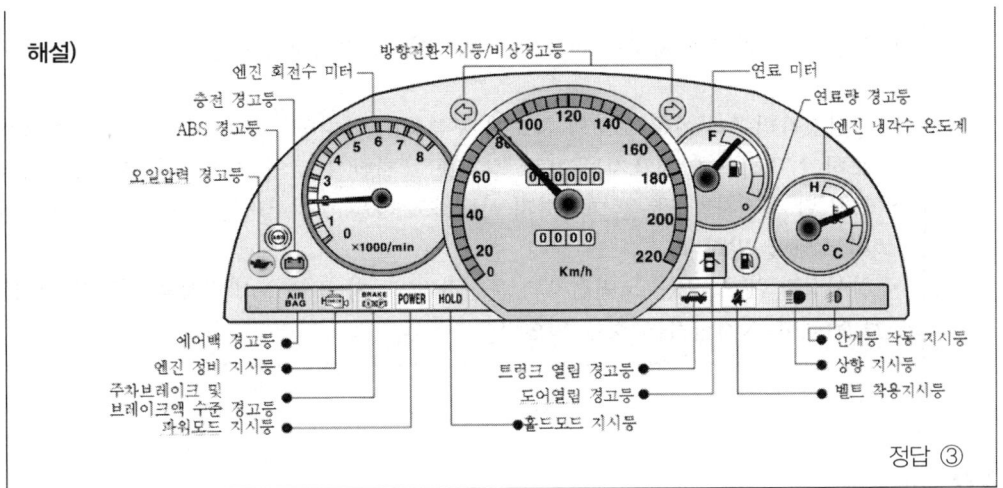

정답 ③

10 정답 ④

난이도 : C

① 크랭크축 2회전당 밸브 1회 개폐(1실린더 기준)=2,000rpm/2=1,000회/min
 =1,000회/min×4실린더=4,000회/min
② $\pi r^2 \times L \times N = 3.14 \times (5cm)^2 \times 10cm \times 4 = 3,140 cm^3 = 3,140 cc (1cm^3 = 1cc)$
③ $\varepsilon = \dfrac{V_{실}}{V_{연}} = 1 + \dfrac{V_{행}}{V_{연}} = 1 + \dfrac{180cc}{30cc} = 7:1$
④ 4행정 기관의 폭발은 크랭크축 2회전마다 한 번씩 폭발하게 되므로 3,600rpm일 경우 분당 1,800회 폭발하게 된다(3,600/2=1,800). 따라서 초당 폭발하는 횟수는 30회가 된다(1,800/60=30).

11 정답 ②

출제지수	★★★	출제난도	★★
출제파트	제1장 총칙		

◈ 용어의 정의(법 제2조)
ⓒ "개인형 이동장치"란 제19호 나목의 원동기장치자전거 중 **25km/h 이상으로 운행할 경우 전동기가 작동하지 아니하고 차체 중량이 30kg 미만인 것**으로서 행정안전부령으로 정하는 것을 말한다.
ⓓ "서행"이란 운전자가 차 또는 노면전차를 **즉시 정지시킬 수 있는 정도의 느린 속도로 진행하는 것**을 말한다.

▶ 용어의 정의 중 역대 출제빈도 Best
• "자동차전용도로"란 자동차만 다닐 수 있도록 설치된 도로를 말한다.
• "고속도로"란 자동차의 고속 운행에만 사용하기 위하여 지정된 도로를 말한다.

- "차선"이란 차로와 차로를 구분하기 위하여 그 경계지점을 안전표지로 표시한 선을 말한다.
- "길가장자리구역"이란 보도와 차도가 구분되지 아니한 도로에서 보행자의 안전을 확보하기 위하여 안전표지 등으로 경계를 표시한 도로의 가장자리 부분을 말한다.
- "정차"란 운전자가 5분을 초과하지 아니하고 차를 정지시키는 것으로서 주차 외의 정지 상태를 말한다.
- "일시정지"란 차 또는 노면전차의 운전자가 그 차 또는 노면전차의 바퀴를 일시적으로 완전히 정지시키는 것을 말한다.

12 정답 ②

출제지수	★★	출제난도	★★
출제파트	제1장 총칙		

◆ 안전표지의 종류 등(시행규칙 별표 6)
(b)는 주의표지 중 **우측차로 없어짐** 표지이다.

13 정답 ④

출제지수	★★	출제난도	★★★
출제파트	제1장 총칙		

◆ 음주운전 방지장치(시행규칙 제3조의2)

① 법 제2조 제34호(음주운전 방지장치의 정의)에서 "행정안전부령으로 정하는 것"이란 자동차등의 시동을 걸기 전 운전자의 호흡을 측정하여 혈중알코올농도가 법 제44조 제4항(0.03퍼센트 이상)에 따른 기준치 이상인 경우 시동이 걸리지 않도록 하는 장치로서 다음의 세부장치를 갖춘 것을 말한다.

1. **음주호흡 분석기**
2. 제어장치
3. 운행기록 저장부
4. 카메라

② ①에 따른 음주운전 방지장치의 세부장치 및 기능에 관한 기준은 경찰청장이 정한다.

14 정답 ④

출제지수	★★★	출제난도	★★★
출제파트	제3장 차마 및 노면전차의 통행방법 등		

자동차의 운전자는 경사진 곳에 정차하거나 주차(도로 외의 경사진 곳에서 정차하거나 주차하는 경우를 포함한다)하려는 경우 자동차의 주차제동장치를 작동한 후에 다음의 어느 하나에 해당하는 조치를 취하여야 한다. **다만, 운전자가 운전석을 떠나지 아니하고 직접 제동장치를 작동하고 있는 경우는 제외한다**(시행령 제11조 제3항).

> 1. 경사의 내리막 방향으로 바퀴에 고임목, 고임돌, 그 밖에 고무, 플라스틱 등 자동차의 미끄럼 사고를 방지할 수 있는 것을 설치할 것
> 2. 조향장치를 도로의 가장자리(자동차에서 가까운 쪽을 말한다) 방향으로 돌려놓을 것
> 3. 그 밖에 1. 또는 2.에 준하는 방법으로 미끄럼 사고의 발생 방지를 위한 조치를 취할 것

15 정답 ①

출제지수	★★	출제난도	★
출제파트	제6장 도로의 사용		

최소 1명 이상을 감속운행이 시작되는 지점(공사구간 전방 **60미터에서 90미터**까지의 지점을 말한다)에 배치하고, 고속도로의 경우에는 공사구간 전방 500미터 부근에 추가로 안전요원을 배치한다(시행규칙 별표 15의2).

16 정답 ④

출제지수	★★★	출제난도	★★
출제파트	제8장 운전면허		

◆ 연습면허는 제1종 보통연습면허 및 제2종 보통연습면허로 구분되며, 원동기장치자전거는 운전할 수 없다(시행규칙 별표 18).

연습면허	제1종 보통	1. 승용자동차 2. 승차정원 15명 이하의 승합자동차 3. 적재중량 12톤 미만의 화물자동차
	제2종 보통	1. 승용자동차 2. 승차정원 10명 이하의 승합자동차 3. 적재중량 4톤 이하의 화물자동차

17 정답 ④

출제지수	★★★	출제난도	★★
출제파트	제7장 교통안전교육		

◈ 특별교통안전 의무교육 중 음주운전 교육시간(시행규칙 별표 16)

교육 대상자	교육시간
최근 5년 동안 처음으로 음주운전을 한 사람	12시간 (3회, 회당 4시간)
최근 5년 동안 2번 음주운전을 한 사람	16시간 (4회, 회당 4시간)
최근 5년 동안 3번 이상 음주운전을 한 사람	48시간 (12회, 회당 4시간)

ⓑ : 특별교통안전 의무교육 대상이며, 교육시간은 6시간[배려운전교육]
ⓒ : 특별교통안전 권장교육 대상이며, 교육시간은 4시간[벌점감경교육]
따라서 16+6+4=26시간이다.

18 정답 ④

출제지수	★★	출제난도	★★
출제파트	제10장 운전면허의 행정처분		

◈ 다음의 어느 하나에 해당하는 사유로 정지처분을 받게 될 경우 공제할 수 없다(시행규칙 별표 28).

> ① 교통사고로 사람을 사망에 이르게 한 경우
> ② 술에 취한 상태에서 운전한 경우
> ③ 난폭운전을 한 경우
> ④ 보복운전을 한 경우
> ⑤ 운전면허를 받은 사람이 자동차등을 범죄의 도구나 장소로 이용하여 강도 등의 죄를 범한 경우
> ⑥ 다른 사람의 자동차등을 훔치거나 빼앗은 경우
> 따라서 문제의 〈보기〉 ⓐ부터 ⓔ까지에 해당하는 사유로 정지처분을 받게 될 경우 공제할 수 없다.

19 정답 ①

출제지수	★★★	출제난도	★★
출제파트	제3장 차마 및 노면전차의 통행방법 등		

◆ 긴급자동차에 대한 특례(법 제30조)

> 긴급자동차에 대하여는 다음의 사항을 적용하지 아니한다. 다만, 4.부터 12.까지의 사항은 긴급자동차 중 **제2조 제22호 가목부터 다목까지의 자동차**와 대통령령으로 정하는 경찰용 자동차에 대해서만 적용하지 아니한다.
> 1. 제17조에 따른 자동차등의 속도 제한
> 2. 제22조에 따른 앞지르기의 금지
> 3. 제23조에 따른 끼어들기의 금지
> 4. 제5조에 따른 **신호위반**
> 5. 제13조 제1항에 따른 보도침범
> 6. 제13조 제3항에 따른 **중앙선 침범**
> 7. 제18조(횡단·유턴·후진 위반)에 따른 횡단 등의 금지
> 8. 제19조에 따른 안전거리 확보 등
> 9. 제21조 제1항에 따른 앞지르기 방법 등
> 10. 제32조에 따른 **정차 및 주차의 금지**
> 11. 제33조에 따른 주차금지
> 12. 제66조(고속도로등)에 따른 고장 등의 조치
> ※ 제2조 제22호 가목부터 다목까지의 자동차 : 소방차, 구급차, 혈액 공급차량

20 정답 ①

출제지수	★★	출제난도	★★
출제파트	제6, 7, 10장		

ⓐ는 3, ⓑ는 30, ⓒ는 7이다.
따라서 3+30+7=40이다.

자동차구조원리 및 도로교통법규 2회 정답 및 해설

Answer

01 ③	02 ②	03 ④	04 ④	05 ③	06 ②	07 ②	08 ③	09 ④	10 ③
11 ③	12 ②	13 ②	14 ②	15 ①	16 ③	17 ④	18 ③	19 ②	20 ②

01 정답 ③

난이도 : B

정답	정답률(%)	응시인원	선지별 응답자 수 ①	②	③	④	오류
③	66.7	24	3	4	16	1	0

① 드라이브 바이 와이어 : 기계적인 연결을 전기적인 전자제어를 통해 제어하는 기술을 통칭함
  ◆ 종류 : 스로틀 바이 와이어, 시프트 바이 와이어, 스티어 바이 와이어, 브레이크 바이 와이어
③ 4행정 앳킨슨(Atkinson) 사이클 엔진은 1882년 영국의 제임스 앳킨슨에 의해 고안되었다. 기구학적으로 압축행정을 짧게 하여 압축 시 발생하는 펌핑 손실을 줄이고 폭발행정을 길게 하여 연소 시 형성되는 에너지를 최대로 활용하여 배기손실을 줄여 열효율을 좋게 하는 방식이다. 초기에는 크랭크와 커넥팅로드에 링크를 더하여 기구학적으로 구현하였으나 최근에는 압축행정 시 흡기밸브 닫힘 시기를 지연하여 유효 압축비를 적게 하는 밀러(Miller) 사이클로 대체한다.

기출문제 유형 경기도(2023)

▶ 엔진의 기본 사이클을 설명한 것으로 옳지 않은 것은?
① 앳킨슨(Atkinson) 사이클은 팽창행정이 압축행정보다 더 긴 사이클이다.
② 밀러(Miller) 사이클은 팽창비가 압축비보다 크다.
③ 앳킨슨(Atkinson) 사이클은 기계적인 구조가 아닌 밸브 개폐 타이밍으로 조절한다.
④ 밀러(Miller) 사이클은 앳킨슨(Atkinson) 사이클을 개선한 사이클이다.

정답 ③

02 정답 ②

조향기어비= $\dfrac{\text{조향핸들의 회전각}}{\text{피트먼 암의 회전각}}$, $15 = \dfrac{480°}{x}$, ∴ 피트먼 암이 회전한 각=32°,

피터먼 암을 기준으로 바깥쪽 타이어의 α각도는 30°, 안쪽 타이어의 β각도는 34°가 된다.

타이어 중심에서 킹핀 중심까지의 거리= $\dfrac{(\text{윤거} - \text{킹핀 사이의 거리})}{2}$

$$= \dfrac{(1.6 - 1.4)}{2} = 0.1\text{m}$$

최소회전반경 $R = \dfrac{L}{\sin\alpha} + r = \dfrac{2.5\text{m}}{\sin 30°} + 0.1\text{m} = 5\text{m} + 0.1\text{m} = 5.1\text{m} = 510\text{cm}$

α = 외측 앞바퀴 조향각, L = 축거(휠베이스), r = 바퀴의 접지면 중심과 킹핀과의 거리

기출문제 유형 경남(2020), 교육청(2022)

▶ 조향 기어비 9 : 1의 조향장치에서 핸들을 반 바퀴 돌렸을 때 피트먼 암이 회전한 각도 [deg]는?

① 20°   ② 40°
③ 1620°   ④ 3240°

정답 ①

▶ 축거가 2.5m, 바깥쪽 앞바퀴 조향각도가 30°, 킹핀에서 타이어 중심까지의 거리가 10cm일 때 최소회전반경은 얼마인가?

① 150cm   ② 510cm
③ 1,020cm   ④ 1,510cm

정답 ②

---

03 정답 ④

정답	정답률(%)	응시인원	선지별 응답자 수				
			①	②	③	④	오류
④	54.2	24	4	2	5	13	0

피스톤 링의 3대 작용은 냉각(열전도)작용, 오일제어작용, 기밀작용이다.

기출문제 유형
전북(2020)

▶ 엔진의 구성품인 피스톤에 관한 설명 중 틀린 것은?

① 관성력을 작게 하기 위해 측압을 받지 않는 부분을 잘라낸다.
② 단행정 엔진은 피스톤의 직경을 크게 제작한다.
③ 열팽창을 고려해 보스부의 직경을 스커트부보다 크게 한다.
④ 피스톤 핀의 중심과 크랭크축의 중심을 옵셋시킨다.

해설) 캠 연마 피스톤(Cam ground piston) : 타원형이고 상·중·하부의 직경이 다른 형상으로 온도 상승에 따라 진원이 된다.

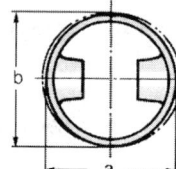 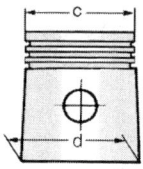

a : 보스부 직경, b : 스커트부 직경
a < b

정답 ③

04 정답 ④

난이도 : C

정답	정답률(%)	응시인원	선지별 응답자 수					
			①	②	③	④	오류
④	57.1	49	0	8	13	28	0

앞쪽에 무게가 편중되어 있는 F·F방식에서 주로 발생되는 현상으로 차량 후미가 물고기 꼬리치듯 좌우로 크게 요동치는 모습을 일컫는 것으로 피시테일(fishtail) 현상이라 한다. 이 피시테일 현상을 스프링 위 질량진동 기준으로 해석을 한다면 Z축을 기준으로 하는 회전운동이 되므로 요잉이라 표현할 수 있다.

기출문제 유형
대구(2016), 경기(2017), 강원(2017, 2019, 2021), 서울보훈(2020)

▶ 다음 그림을 보고 자동차의 진동에 대해 설명한 내용으로 맞는 것은?

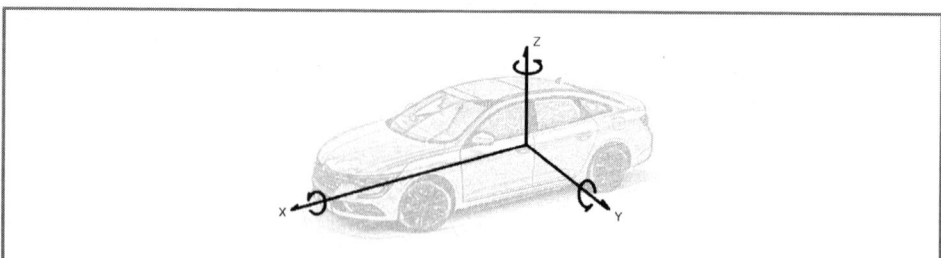

① X축을 기준으로 하는 회전진동을 피칭이라 한다.
② Y축을 기준으로 하는 회전진동을 롤링이라 한다.

③ Z축을 기준으로 하는 회전진동을 요잉이라 한다.
④ Z축을 기준으로 하는 직선왕복진동을 휠홉이라 한다.

해설) 스프링 위 질량의 진동 중
① X축 기준 회전운동 : 롤링 ② Y축 기준 회전운동 : 피칭
④ Z축 기준 직선왕복운동 : 바운싱

정답 ③

05 정답 ③
난이도 : B

정답	정답률(%)	응시인원	선지별 응답자 수				
			①	②	③	④	오류
③	64.4	45	0	13	29	3	0

자력의 변화에 의해 발생되는 교류를 직류로 정류하기 위한 장치로 정류자와 브러시(DC발전기), 실리콘 다이오드(AC발전기), 컨버터(회생제동 활용)가 있다.
ⓒ의 인버터는 직류를 교류로 전환하기 위한 장치이며, ⓜ은 전기를 일시 저장하는 기능을 가지고 있다.

기출문제 유형 대구(2014), 서울(2016)

▶ 자동차 교류발전기에서 교류를 직류로 바꾸어 주는 부품은 무엇인가?

① 트랜지스터 ② 저항
③ 서미스터 ④ 다이오드

정답 ④

06 정답 ②
난이도 : E

② 구동피니언의 중심을 링기어 중심보다 낮게 설계한다.

기출문제 유형 경기(2021), 경북(2017), 전북(2023)

▶ 추진축의 자재이음과 슬립이음에 대한 설명으로 맞는 것은?

① 자재이음은 각도 변화를 가능하게 하고 슬립이음은 길이변화를 가능하게 한다.
② 자재이음과 슬립이음 둘 다 길이 변화를 가능하게 한다.
③ 자재이음은 길이변화를 가능하게 하고 슬립이음은 각도의 변화를 가능하게 한다.
④ 자재이음과 슬립이음 둘 다 각의 변화를 가능하게 한다.

정답 ①

▶ 하이포이드 기어의 특징을 설명한 것으로 거리가 먼 것은?
① 구동피니언의 중심을 링기어 중심보다 낮게 설계한다.
② 추진축의 위치를 낮출 수 있어 최저 지상고를 낮출 수 있다.
③ 제작이 용이하고 낮은 압력으로 구동되므로 오일의 선택 범위가 넓다.
④ 피니언 기어를 크게 제작할 수 있어 접촉률이 크고 원활하게 회전한다.

정답 ③

▶ 자동차 동력 전달장치의 하나인 차동(differential) 기어의 기능 또는 원리를 설명한 것 중 옳지 않은 것은?
① 래크와 피니언의 원리를 활용한다.
② 자동차가 선회할 때 구동축 좌우바퀴의 미끄럼이 없다.
③ 자동차가 선회할 때 구동축 좌우바퀴의 회전수가 다르다.
④ 타이어 마모가 증가한다.

정답 ④

07 정답 ②

난이도 : C

정답	정답률(%)	응시인원	선지별 응답자 수				
			①	②	③	④	오류
②	71.4	49	0	35	13	1	0

- 가스온도 센서(GTS) : 서미스터 소자의 원리를 이용하며, LPG 온도를 측정하여 기관 컴퓨터로 보내면, 기관 컴퓨터는 이 온도 값을 이용하여 계통 내의 LPG 특성을 파악하여 분사시기를 결정한다.
- 가스압력 센서 : 이 센서는 액체상태의 LPG 압력을 측정하여 해당 압력에 대한 출력전압을 인터페이스 박스(IFB)로 전달하는 작용을 하며, 이때 인터페이스 박스는 기관 컴퓨터가 LPG 공급압력에 따른 인젝터의 LPG 분사량을 계산하도록 기관 컴퓨터에 전달한다.

기출문제 유형 울산(2022)

▶ LPI 엔진에서 연료압력조절 유닛의 구성으로 맞는 것은?

㉠ 압력 센서	㉡ 유압 센서	㉢ 온도 센서	㉣ 차속 센서

① ㉠, ㉡
② ㉠, ㉢
③ ㉡, ㉢
④ ㉢, ㉣

정답 ②

08 정답 ③

난이도 : C / 기출문제 : 경기(2022)

정답	정답률 (%)	응시인원	선지별 응답자 수				오류
			①	②	③	④	
③	55.6	18	4	2	10	2	0

착화지연기간이 노킹을 발생시키는 원인이 되고 화염전파기간에 연료가 폭발적으로 연소하여 직접 노킹이 발생된다.

> **기출문제 유형** 경기·서울(2017)
>
> ▶ 디젤 엔진의 연소과정 4단계의 순서를 바르게 표현한 것은?
> ① 제어연소기간 → 무기연소기간 → 연소준비기간 → 폭발연소기간
> ② 무기연소기간 → 연소준비기간 → 제어연소기간 → 폭발연소기간
> ③ 무기연소기간 → 연소준비기간 → 폭발연소기간 → 제어연소기간
> ④ 연소준비기간 → 폭발연소기간 → 제어연소기간 → 무기연소기간
>
> **해설)** 착화지연기간(연소준비기간) → 화염전파기간(폭발연소기간, 정적연소기간, 급격연소기간) → 직접연소기간(제어연소기간, 정압연소기간) → 후기연소기간(무기연소기간)
>
> 정답 ④

09 정답 ④

난이도 : B

정답	정답률 (%)	응시인원	선지별 응답자 수				오류
			①	②	③	④	
④	58.8	51	9	3	9	30	0

① ISG(Idle Stop & Go)
② AEB(Autonomous Emergency Braking) : 자동긴급제동장치
③ LKS(Lane Keeping System) : 차선이탈복귀장치
④ IBS(Intelligent Battery Sensor)

> **기출문제 유형** 경기·서울(2017)
>
> ▶ 자동차 배터리(battery)와 관련된 용어가 아닌 것은?
> ① RC(Reserve Capacity) ② CCA(Cold Cranking Ampere)
> ③ AGM(Absorbent Glass Mat) ④ PWM(Pulse Width Modulation)
>
> **해설)** • RC : 보유용량, 단위 : 분
> • PWM : 펄스 폭 변조 → 액추에이터 제어신호로 사용
>
> 정답 ④

10 정답 ③

난이도 : D

정답	정답률(%)	응시인원	선지별 응답자 수 ①	②	③	④	오류
③	27.8	18	1	5	5	7	0

① 냉매는 압축기, 응축기, 팽창밸브, 증발기 순으로 순환된다.
② 냉매의 밀도가 낮아서 응축압력은 가급적 낮아져야 한다.
④ 증발기의 핀서모 센서의 정보를 통해 압축기의 작동여부를 결정한다.

기출문제 유형   부산(2016), 서울·경기(2019), 대전·울산(2021), 경남(2022)

▶ **자동차 에어컨 냉매의 순환과정으로 옳은 것은?**

① 콤프레셔 - 콘덴서 - 리시버드라이어 - 익스팬션 밸브 - 에바포레이터 - 콤프레셔
② 콤프레셔 - 콘덴서 - 익스팬션 밸브 - 리시버드라이어 - 에바포레이터 - 콤프레셔
③ 콤프레셔 - 익스팬션 밸브 - 콘덴서 - 리시버드라이어 - 에바포레이터 - 콤프레셔
④ 콤프레셔 - 리시버드라이어 - 에바포레이터 - 콘덴서 - 익스팬션 밸브 - 콤프레셔

해설) 냉매의 순환 순서 : 압축기(콤프레셔) → 응축기(콘덴서) → 건조기(리시버드라이어) → 팽창밸브(익스팬션 밸브) → 증발기(에바포레이터)

정답 ①

11 정답 ③

출제지수	★★	출제난도	★★
출제파트	제4장 운전자 및 고용주 등의 의무		

〈보기〉의 괄호 안에 차례대로 들어갈 알맞은 말은 **연 2회 이상**(법 제50조의3 제6항) - **매 분기**(법 제53조 제7항)이다.

12 정답 ②

출제지수	★★★	출제난도	★★
출제파트	제3장 차마 및 노면전차의 통행방법 등		

◆ 자동차등과 노면전차의 속도(시행규칙 제19조)
ⓐ : 64km/h, ⓑ : 45km/h, ⓒ : 50km/h, ⓓ : 40km/h
따라서 최고속도가 높은 것부터 순서대로 나열하면 ⓐ - ⓒ - ⓑ - ⓓ이다.

13 정답 ②

출제지수	★★★	출제난도	★★
출제파트	제2장 보행자의 통행방법		

◆ 보행자의 통행(법 제8조)
① 보행자는 보도와 차도가 구분된 도로에서는 언제나 보도로 통행하여야 한다. 다만, 차도를 횡단하는 경우, 도로공사 등으로 보도의 통행이 금지된 경우나 그 밖의 부득이한 경우에는 그러하지 아니하다.
② 보행자는 보도와 차도가 구분되지 아니한 도로 중 중앙선이 있는 도로에서는 길가장자리 또는 길가장자리구역으로 통행하여야 한다.
③ 보행자는 다음의 어느 하나에 해당하는 곳에서는 **도로의 전 부분으로 통행할 수 있다**. 이 경우 보행자는 고의로 차마의 진행을 방해하여서는 아니 된다.

> 1. 보도와 차도가 구분되지 아니한 도로 중 중앙선이 없는 도로
> 2. 보행자우선도로

14 정답 ②

출제지수	★★★	출제난도	★★★
출제파트	제4장 운전자 및 고용주 등의 의무		

◆ 난폭운전 금지(법 제46조의3)

> 1. 제5조에 따른 신호 또는 지시 위반
> 2. 제13조 제3항에 따른 중앙선 침범
> 3. 제17조 제3항에 따른 속도의 위반
> 4. 제18조 제1항에 따른 횡단·유턴·후진 금지 위반
> 5. 제19조에 따른 안전거리 미확보, 진로변경 금지 위반, 급제동 금지 위반
> 6. 제21조 제1항·제3항 및 제4항에 따른 **앞지르기 방법** 또는 **앞지르기의 방해금지 위반**
> 7. 제49조 제1항 제8호에 따른 정당한 사유 없는 소음 발생
> 8. 제60조 제2항에 따른 **고속도로에서의 앞지르기 방법 위반**
> 9. 제62조에 따른 고속도로등에서의 횡단·유턴·후진 금지 위반
>
> 따라서 문제 〈보기〉 중의 난폭운전의 유형은 ⓐ, ⓒ, ⓔ 총 3개이다.
> ※ 자동차등의 운전자가 난폭운전을 한 경우에는 **1년 이하의 징역이나 500만원 이하의 벌금**에 처한다.

15 정답 ①

출제지수	★★★	출제난도	★★
출제파트	제3장 차마 및 노면전차의 통행방법 등		

◈ 운행상의 안전기준(시행령 제22조)

> 1. **자동차의 승차인원은 승차정원 이내일 것**
> 2. 화물자동차의 적재중량은 구조 및 성능에 따르는 적재중량의 110퍼센트 이내일 것
> 3. 자동차(화물자동차, 이륜자동차 및 소형 3륜자동차만 해당)의 적재용량은 다음의 구분에 따른 기준을 넘지 아니할 것
>   1) 길이 : 자동차 길이에 그 길이의 10분의 1을 더한 길이. 다만, 이륜자동차는 그 승차장치의 길이 또는 적재장치의 길이에 30센티미터를 더한 길이를 말한다.
>   2) 너비 : 자동차의 후사경으로 뒤쪽을 확인할 수 있는 범위의 너비
>   3) 높이 : 화물자동차는 지상으로부터 4미터(도로구조의 보전과 통행의 안전에 지장이 없다고 인정하여 고시한 도로노선의 경우에는 4미터 20센티미터), 소형 3륜자동차는 지상으로부터 2미터 50센티미터, 이륜자동차는 지상으로부터 2미터의 높이

16 정답 ③

출제지수	★★★	출제난도	★★
출제파트	제4장 운전자 및 고용주 등의 의무		

③은 **모든 운전자의 준수사항 등**이다(법 제49조 제1항 제9호).

17 정답 ④

출제지수	★★★	출제난도	★★
출제파트	제8장 운전면허		

수시 적성검사를 연기받은 사람은 그 사유가 없어진 날부터 **3개월 이내**에 수시 적성검사를 받아야 한다(시행령 제57조 제3항).

18 정답 ③

출제지수	★★★	출제난도	★★
출제파트	제3장 차마 및 노면전차의 통행방법 등		

◈ 정차 및 주차의 금지, 주차금지의 장소(법 제32조 및 법 제33조)

▶ 정차 및 주차의 금지장소
1. 교차로·횡단보도·건널목이나 보도와 차도가 구분된 도로의 보도
2. **교차로의 가장자리나 도로의 모퉁이로부터 5미터 이내**
3. **안전지대가 설치된 도로에서는 그 안전지대의 사방으로부터 각각 10미터 이내**
4. **버스여객자동차의 정류지임을 표시하는 기둥이나 표지판 또는 선이 설치된 곳으로부터 10미터 이내**
5. **건널목의 가장자리 또는 횡단보도로부터 10미터 이내**
6. 다음의 곳으로부터 5미터 이내인 곳
   1) 「소방기본법」에 따른 소방용수시설 또는 비상소화장치가 설치된 곳
   2) 「소방시설법」에 따른 소방시설로서 대통령령으로 정하는 시설이 설치된 곳
   ※ 대통령령으로 정하는 시설 : 송수구, 소화용수설비, 무선기기접속단자
7. 시·도경찰청장이 도로에서의 위험을 방지하고 교통의 안전과 원활한 소통을 확보하기 위하여 필요하다고 인정하여 지정한 곳
8. 시장등이 지정한 어린이 보호구역

따라서 ⓐ, ⓑ, ⓒ, ⓓ 총 4개이다.

▶ 주차금지의 장소
1. 터널 안 및 다리 위
2. 다음의 곳으로부터 5미터 이내인 곳
   1) 도로공사를 하고 있는 경우에는 그 공사 구역의 양쪽 가장자리
   2) 「다중이용업소법」에 따른 다중이용업소의 영업장이 속한 건축물로 소방본부장의 요청에 의하여 시·도경찰청장이 지정한 곳
3. 시·도경찰청장이 도로에서의 위험을 방지하고 교통의 안전과 원활한 소통을 확보하기 위하여 필요하다고 인정하여 지정한 곳

19 정답 ②

출제지수	★★★	출제난도	★★
출제파트		제12장 보칙	

◆ 운전면허증등의 보관(법 제138조)

> 1. 교통사고를 일으킨 경우
> 2. 운전면허의 취소처분 또는 정지처분의 대상이 된다고 인정되는 경우
> 3. 외국에서 발급한 국제운전면허증 또는 상호인정외국면허증을 가진 사람으로서 법 제162조 제1항에 따른 **범칙행위를 한 경우**

20 정답 ②

출제지수	★★	출제난도	★★★
출제파트		제10장 운전면허의 행정처분	

운전면허 정지처분은 1회의 위반·사고로 인한 벌점 또는 처분벌점이 40점 이상이 된 때부터 결정하여 집행하되, 원칙적으로 1점을 1일로 계산하여 집행한다(시행규칙 별표 28).
ⓐ : 100점, ⓑ : 80점, ⓒ : 40점, ⓓ : 30점, ⓔ : 15점
따라서 1회의 행위로 행정처분(40점 이상)을 받을 수 있는 위반사항은 ⓐ, ⓑ, ⓒ 총 3개이다.

자동차구조원리 및 도로교통법규 3회 정답 및 해설

Answer

| 01 ② | 02 ① | 03 ④ | 04 ④ | 05 ① | 06 ③ | 07 ④ | 08 ④ | 09 ② | 10 ① |
| 11 ② | 12 ① | 13 ④ | 14 ② | 15 ④ | 16 ② | 17 ④ | 18 ③ | 19 ③ | 20 ② |

01 정답 ②

난이도 : C

정답	정답률 (%)	응시인원	선지별 응답자 수 ①	②	③	④	오류
②	55	20	0	11	0	9	0

◆ 전기 배선의 식별 방법
저항 측정은 멀티미터로 하며 크기, 용도, 색깔 등으로 나타낸다.
예) 1.25GB   1.25 : 전선의 굵기,   G : 바탕색(녹색),   B : 줄무늬 색(흑색)

◆ 전선의 색깔 표시

| Br : 갈색 | Gr : 회색 | L : 파란색 | O : 오렌지색 | P : 핑크색 |
| Pp : 보라색 | R : 빨간색 | T : 황갈색 | W : 흰색 | Y : 노란색 |

즉, 병렬로 연결된 4Ω – 2개의 합성저항 $R = \dfrac{(4 \times 4)}{(4+4)} = \dfrac{16}{8} = 2\,\Omega$

기출문제 유형   경남・전북(2014), 강원・경남(2019)

▶ 자동차 배선의 색을 표현하는 기호 중 빨강 바탕에 회색 줄선을 나타내는 기호로 맞는 것은?

① R Gr
② G R
③ L B
④ Gr R

정답 ①

▶ 아래 회로도를 보고 합성저항을 구하시오.

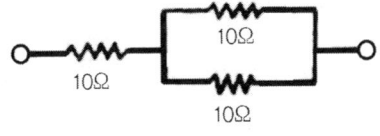

① 5Ω
② 10Ω
③ 15Ω
④ 20Ω

정답 ③

02 정답 ①

난이도 : B

- **18 – 림 지름** : 림의 직경은 인치로 표기. 림 지름과 타이어 내경이 똑같은 타이어를 결합할 수 있음
- **7.5 – 림 폭** : 림 폭은 인치로 표기. 소수점 이하가 1/2로 표시되어 있는 경우 0.5인치를 의미. 규정된 적용 폭의 타이어를 결합할 수 있음
- **J – 플랜지 형상** : 림 끝의 형상을 J, JJ, B 등의 규격으로 나타냄. 림 폭이 몇 J로 표시되어 있는 것은 몇 인치의 J플랜지 형상이라는 의미
- **5 – 구멍 수(Hole수)** : 볼트의 구멍 수
- **114.3 – P.C.D(Pitch Circle Diameter)** : 볼트 구멍 피치원 직경(볼트 구멍 사이의 거리), mm로 표기
- **50 – 휠 옵셋** : 림의 중심선부터 허브 접촉면까지의 거리, mm로 표기. 중심선보다 바깥에서 접촉되면 '+', 안쪽에서 접촉(휠이 차체 외부로 돌출)되면 '-'가 된다.

림의 지름이 18inch이므로 타이어 내경이 18inch인 ① 레이디얼 타이어가 적합하다.
참고로 타이어폭의 80±10% 정도로 림폭을 선택한다.

기출문제 유형
대구(2023)

▶ 승용자동차의 타이어 제원이 215/45 R17 91H라면, 이에 대한 설명으로 가장 옳은 것은?

① 타이어의 폭은 215mm이다.
② 타이어의 옆면의 높이는 45mm이다.
③ 레이디얼 타이어이며, 림 반지름은 17inch이다.
④ 최고속도는 91km/h임을 의미한다.

정답 ①

03 정답 ④ 　　　　　　　　　　　　　　　　　　　　　　　　난이도 : B

정답	정답률(%)	응시인원	①	②	③	④	오류
④	47.1	17	0	7	2	8	0

- 피스톤이 상승하면서 실린더 내부 압력이 높아진 상태, 흡·배기 밸브 모두 닫힘
  → 압축 및 폭발 행정
- 예혼합연소 : 가솔린 및 LPG 엔진 / 확산연소 : 디젤 엔진

기출문제 유형　　　　　　　　　　　　　　　　　　　　　경남(2021)

▶ 엔진의 연소에 대한 설명으로 옳은 것은?

① 가솔린 엔진에서는 대부분의 연소기간 동안 확산연소가 발생하고 디젤 엔진에서는 대부분의 연소기간에 예혼합연소가 발생한다.
② 실린더 내의 난류(turbulence)의 유동은 화염전파속도를 느리게 만들기 때문에 최대한 억제한다.
③ 이론 공연비에서 연소가 진행되면 생성물질은 이론적으로 연료와 산소가 전혀 남지 않는다.
④ 가솔린 엔진에서 노킹을 방지하기 위해 점화시기를 앞당긴다.

해설)　① • 확산연소 : 디젤 엔진에서 널리 채용되고 있는 연소 방식으로, 예혼합 연소량을 억제하여 연료를 분사하면서 연소시킨다. 연료를 공급하면서 연소시키기 때문에 혼합 가스의 형성이 충분하지 못하고 착화에서 연소의 피크에 걸쳐서 매연이 발생한다.
　　　　• 예혼합연소 : 가솔린 엔진의 연소와 같이 미리 공기와 혼합된 연료가 연소 확산하는 연소 형태를 말한다. 연료가 타면서 퍼져 가는 확산연소와 대비하여 사용되는 용어이다.
　　② 난류의 유동을 이용하여 연소의 속도를 높일 수 있다.
　　④ 가솔린 엔진에서 노킹을 방지하기 위해서는 점화시기를 늦춰야 한다.

　　　　　　　　　　　　　　　　　　　　　　　　　　　　정답 ③

04 정답 ④ 　　　　　　　　　　　　　　　　　　　　　　　　난이도 : D

정답	정답률(%)	응시인원	①	②	③	④	오류
④	66.7	45	0	3	12	30	0

④ 주차 브레이크는 보조 브레이크로 사용되어 제3의 브레이크에 해당되지 않는다.

◈ 제3의 브레이크

- 엔진 브레이크 : 주행 중 저단기어를 작동시키고 액셀러레이터 페달을 놓았을 때 엔진과 변속기에 의해 작동되는 브레이크

- 배기 브레이크 : 배기 계통(exhaust system)의 배기가스를 압축하는 동시에 인젝션 펌프의 공급 유량을 줄이거나, 배기가스를 차단하는 동시에 흡입 공기를 차단하는 방식을 말한다. 이는 피스톤이 상하 운동에 저항하는 대항 압력을 급속히 발생시키는 것으로, 엔진 브레이크에 비하여 빠르고 큰 제동력을 얻는다.
- 와전류 감속기(eddy current retarder) 브레이크 : 감속 브레이크로서 스테이터 코일에 전류가 흐르면 자장이 발생되며, 이 속에서 디스크를 회전시키면 와전류가 흘러 자장과의 상호작용으로 제동력이 발생한다. 추진축과 함께 회전하는 로터 디스크와 축전지의 직류 전류에 의해 여자되는 전자석을 가진 스테이터로 구성되어 있다.
- 유체식 감속기(hydraulic retarder) 브레이크 : 차륜에 의해 구동되는 로터의 회전에 의해 액체를 고정자에 충돌시켜 제동 효과를 발생시키는 방식으로 액체의 온도가 상승하기 때문에 냉각기를 순환하여 열에너지를 대기로 방산시킬 필요성이 있다.

05 정답 ①

난이도 : E

정답	정답률(%)	응시인원	선지별 응답자 수				
			①	②	③	④	오류
①	80.6	31	25	0	2	2	2

- 조속기(Governor) : 엔진의 회전 속도나 부하 변동에 따라 자동적으로 제어 래크를 움직여 분사량을 가감하여 운전이 안정되게 한다. 즉, 최고속도를 제어하고 동시에 전속도 운전을 안정되게 하며, 특히 저속 운전에서는 분사량이 상당히 미소량이고 제이 래크의 작은 움직임에 대해 분사량의 변화가 크기 때문에 조속기를 설치하여 자동적으로 분사량을 조절하여 저속 운전을 안정시키는 작용을 한다.

> **기출문제 유형** 경북(2019)
>
> ▶ 다음 중 딜리버리 밸브(Delivery valve)의 기능으로 가장 거리가 먼 것은?
>
> ① 분사 노즐에서 연료가 분사된 뒤 후적을 막을 수 있다.
> ② 배럴 내의 연료압력이 낮아질 때 노즐에서의 역류를 방지하는 역할을 한다.
> ③ 분사 압력이 규정보다 높아지려 할 때 압력을 낮추어 연료장치의 내구성 향상에 도움이 된다.
> ④ 잔압을 유지하여 다음 분사 노즐 작동 시 신속하게 반응하도록 돕는 역할을 한다.
>
> **해설)**
> - 토출 밸브(Delivery valve) : 고압의 연료를 분사 노즐로 송출시켜 주며, 배럴 내의 압력이 낮아지면 닫혀, 연료의 후적과 역류를 방지한다. 즉, 배럴 내의 압력이 일정 압력 이상이 되었을 때 분사관으로 연료를 송출하는 일종의 체크 밸브이다.
>
> 정답 ③

06 정답 ③   난이도 : A

①, ②번 선지의 내용은 기본서에 언급되어 있다.

③ 텐션 리듀서(Tension Reducer) : 안전벨트를 맨 직후 최초의 몇 초 정도는 답답할 수 있지만 그 이후에는 그다지 의식되지 않을 정도로 장력이 알맞게 유지되도록 설계되고 있다.

④ 프리 세이프 시스템(Pre—Safe System) : 주행 상황을 모니터링하고 사고 발생이 임박한 위험 상황을 미리 감지한다. 필요한 경우 스스로 예방조치를 해 탑승자의 피해를 최소화한다. 급브레이크나 위험한 스티어링 조작 등 사고 위험이 감지되면 시스템이 스스로 탑승자의 부상을 최소화하기 위해 움직인다. 선루프와 창문을 자동으로 닫는다. 차량 안으로 이물질이 들어오는 걸 막는 동시에 탑승자의 머리나 팔이 차량 밖으로 노출되는 걸 방지하기 위해서다. 또 탑승자의 좌석 위치를 바로잡아 에어백이 팽창하기 가장 좋은 상태로 맞춰 준다.

기출문제 유형   서울(2017)

▶ 에어백 구성요소로 맞는 것은?

① 프리텐셔너   ② 토션스프링
③ 인플레이터   ④ 안전벨트

해설) • 에어백 구성 : 에어백 모듈(에어백, 패트 커버, 인플레이터), 클럭 스프링, 에어백 ECU, 충돌감지 센서, 안전 센서, 승객유무 감지(PPD) 센서 등
나머지 ①, ②, ④번은 주 방어 시스템(안전벨트) 구성 요소이다.

                                                                                   정답 ③

---

07 정답 ④   난이도 : D

정답	정답률(%)	응시인원	①	②	③	④	오류
④	84	50	4	2	2	42	0

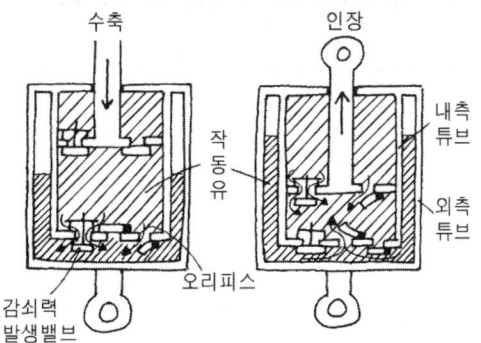

| 기출문제 유형 | 서울(2016), 인천(2020) |

▶ 다음 중 쇽업소버(shock absorber)의 기능으로 옳은 것은?

① 노면의 충격을 직접 흡수한다.
② 스프링의 진동을 흡수하는 감쇠력의 역할을 한다.
③ 열에너지를 상하운동 에너지로 변환하여 제어한다.
④ 수축하는 쪽의 감쇠력을 늘어나는 쪽의 감쇠력보다 크게 한다.

해설) ① 노면의 충격을 직접 흡수하는 것은 스프링이다.
③ 상하 진동 즉 기계적인 운동에너지를 유체를 이용한 열에너지로 변환하여 제어한다.
④ 수축하는 쪽의 감쇠력을 더 작게 설계하여 순간 충격에 재빠르게 수축할 수 있게 한다.

정답 ②

08 정답 ④   난이도 : B

④ 코너링 포스는 타이어의 방향이 아닌 진행방향의 수직 안쪽으로 작용하는 힘을 뜻한다.

| 기출문제 유형 | 강원(2019), 교육청(2021) |

▶ 조향비가 15 : 1일 때 피트먼 암이 20° 회전하였다면 조향핸들은 몇 도[deg] 회전하였는가?

① 30° ② 270°
③ 300° ④ 330°

정답 ③

▶ 조향장치에서 조향핸들의 유격이 발생되는 원인으로 거리가 먼 것은?

① 조향기어의 백래시가 클 경우
② 허브 베어링의 마모 및 헐거움이 있을 때
③ 타이로드 엔드 볼 조인트의 유격이 발생되었을 때
④ 동력조향장치의 파워스티어링 오일이 부족할 때

정답 ④

09 정답 ②

난이도 : D

② 기동전동기는 계자코일과 전기자코일이 직렬로 연결된 직류직권식 전동기로 엔진의 회전저항이 커질수록 큰 회전력을 내는 것이 특징이다.

> **기출문제 유형**　　　　　　　　　　　　　　　　　　　　경북(2021), 경남(2019)
>
> ▶ 기동전동기와 같은 직류 모터 내부에서 도선에 대하여 자기장이 미치는 힘의 작용 방향을 정하는 법칙으로 맞는 것은?
> ① 플레밍의 왼손법칙　　　② 플레밍의 오른손법칙
> ③ 렌츠의 법칙　　　　　　④ 파스칼의 법칙
>
> 　　　　　　　　　　　　　　　　　　　　　　　　　　　　　　　　정답 ①
>
> ▶ 자동차에서 사용하는 기동전동기의 직류 전동기 종류로 맞는 것은?
> ① 직렬 직권식　　　　　　② 병렬 분권식
> ③ 직렬 분권식　　　　　　④ 병렬 복권식
>
> 　　　　　　　　　　　　　　　　　　　　　　　　　　　　　　　　정답 ①

10 정답 ①

난이도 C / 기출문제 : 전북(2021)

정답	정답률(%)	응시인원	선지별 응답자 수 ①	②	③	④	오류
①	70.6	17	12	1	3	1	0

피스톤이 압축 상사점에 닿기 전에 노킹에 의한 비정상적인 압력의 증가로 압축압력은 비정상적으로 증가되고 압력이 피스톤에 작용하여 피스톤에 행한 일과 같은 양의 일을 수행할 수 있는 균일한 압력인 평균유효압력은 떨어지게 된다.

> **기출문제 유형**　　　　　　　　　　　　　　　　　　　　　　　　　　전북(2016)
>
> ▶ 가솔린 엔진에 대한 설명으로 거리가 먼 것은?
> ① 점화 시점을 늦게 할 경우 노킹은 줄어들지만 출력이 낮아지게 된다.
> ② 연소실 카본에 의해 압축비가 증가될 경우 출력은 증가하고 연료소비율은 감소하게 된다.
> ③ 노킹이 발생될 경우 회전수를 높이는 것이 도움이 된다.
> ④ 엔진의 효율이 가장 높게 되는 최고의 폭발압력은 상사점 후 10~13°가 이상적이다.

해설) ① 점화 시점을 늦출 경우 출력이 낮아져 조기점화의 발생확률이 줄어들어 노킹이 잘 발생되지 않지만 출력이 낮아지게 된다.
② 가솔린 엔진에서 압축비의 증가 원인은 대부분 연소실에 연소생성물이 쌓였을 때이고 이는 노킹을 발생시키는 원인이 되어 엔진의 출력을 떨어뜨리고 연료소비율은 증대시키는 원인이 된다.
③ 노킹 발생 시 엔진에 부조(헌터)가 일어나게 되고 심한 경우에는 엔진이 멈추게 된다. 이에 회전수를 높여주는 제어를 하게 되면 노킹 발생에 의해 엔진이 멈춰지는 것을 막을 수 있다.
④ 앞의 기출문제에서 폭발행정의 상사점 후 10~15° 정도가 된다고 학습했는데 이 선지에서는 10~13°라고 표현이 되었다. 이는 같은 가솔린 엔진에서도 종류가 워낙 다양하고 성능의 차이가 있는 관계로 약간의 차이는 있을 수 있다는 부분을 감안해야 한다.

정답 ②

11 정답 ②

출제지수	★★★	출제난도	★★
출제파트	제1장 총칙		

◆ **시·도경찰청장이 지정하는 경우로 한정하는 긴급자동차**(시행령 제2조 제1항)

1. 전기사업, 가스사업, 그 밖의 공익사업을 하는 기관에서 위험 방지를 위한 응급작업에 사용되는 자동차
2. **민방위업무를 수행하는 기관에서 긴급예방 또는 복구를 위한 출동에 사용되는 자동차**
3. 도로관리를 위하여 사용되는 자동차 중 도로상의 위험을 방지하기 위한 응급작업에 사용되거나 운행이 제한되는 자동차를 단속하기 위하여 사용되는 자동차
4. 전신·전화의 수리공사 등 응급작업에 사용되는 자동차
5. **긴급한 우편물의 운송에 사용되는 자동차**
6. **전파감시업무에 사용되는 자동차**
※ 따라서 ⓒ, ⓓ, ⓔ 3개이다.

12 정답 ①

출제지수	★★★	출제난도	★★★
출제파트	제13장 벌칙		

①은 **3년 이하의 징역 또는 3천만원 이하의 벌금**(법 제148조의3 제1항), ②는 1년 이하의 징역 또는 300만원 이하의 벌금(법 제148조의3 제3항), ③, ④는 2년 이하의 징역이나 500만원 이하의 벌금(법 제150조 제3호의3 및 제6호)에 처한다.

13 정답 ④

출제지수	★★	출제난도	★★
출제파트	제1장 총칙		

◆ 고령운전자 표지 및 제작 방법 등(시행규칙 별표 8의2)
1. 고령운전자 표지

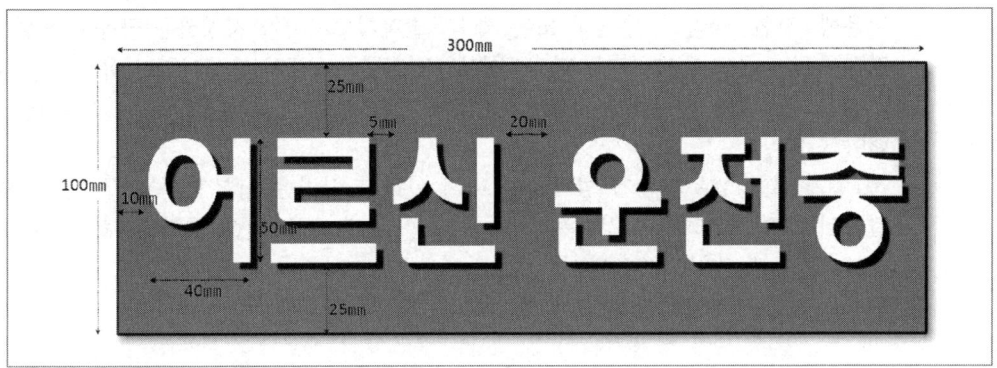

2. 제작 방법
   가. **바탕은 하늘색, 글씨는 흰색으로 한다.**
   나. 앞면은 반사지로 제작하고, 뒷면은 탈부착이 가능하도록 고무자석으로 제작한다.
   다. 글씨체는 문체부 제목 돋움체로 한다.
   라. 표지 규격 및 글씨 크기를 변경하지 않는 범위에서 필요한 문구 등을 삽입할 수 있다.
3. 부착 장소
   차의 뒷면 중 안전운전에 지장을 주지 않고, 시인성을 확보할 수 있는 장소에 부착한다.

14 정답 ②

출제지수	★★	출제난도	★★
출제파트	제1장 총칙		

◆ 안전표지의 종류 등(시행규칙 별표 6)
②는 차가 일시 정지하여야 할 장소임을 지정하는 것으로 **규제표지**이다.

15 정답 ④

출제지수	★★★	출제난도	★★
출제파트	제2장 보행자의 통행방법		

시장등은 어린이 보호구역 지정시 자동차등과 노면전차의 통행속도를 시속 30킬로미터 이내로 제한할 수 있다(법 제12조 제1항).

16 정답 ②

출제지수	★★★	출제난도	★★
출제파트	제14장 범칙행위의 처리에 관한 특례		

◆ 범칙금의 납부(법 제164조)
① 제163조에 따라 범칙금 납부통고서를 받은 사람은 **10**일 이내에 경찰청장이 지정하는 국고은행, 지점, 대리점, 우체국 또는 제주특별자치도지사가 지정하는 금융회사 등이나 그 지점에 범칙금을 내야 한다. 다만, 천재지변이나 그 밖의 부득이한 사유로 말미암아 그 기간에 범칙금을 낼 수 없는 경우에는 부득이한 사유가 없어지게 된 날부터 **5**일 이내에 내야 한다.
② 제1항에 따른 납부기간에 범칙금을 내지 아니한 사람은 납부기간이 끝나는 날의 다음 날부터 **20**일 이내에 통고받은 범칙금에 100분의 20을 더한 금액을 내야 한다.
ⓐ는 10, ⓑ는 5, ⓒ는 20이다.
따라서 ⓐ+ⓒ=30이다.

17 정답 ④

출제지수	★★★	출제난도	★★
출제파트	제8장 운전면허		

◆ 연습운전면허를 받은 사람의 준수사항(시행규칙 제55조)

> 1. 운전면허(연습하고자 하는 자동차를 운전할 수 있는 운전면허에 한한다)를 받은 날부터 2년이 경과된 사람(소지하고 있는 운전면허의 효력이 정지기간 중인 사람을 제외한다)과 함께 승차하여 그 사람의 지도를 받아야 한다.
> 2. 「여객자동차 운수사업법」 또는 「화물자동차 운수사업법」에 따른 사업용 자동차를 운전하는 등 주행연습 외의 목적으로 운전하여서는 아니 된다.
> 3. 주행연습 중이라는 사실을 다른 차의 운전자가 알 수 있도록 연습 중인 자동차에 표지를 붙여야 한다.

※ 주행연습 표지
1. 바탕은 청색, 글씨는 노란색으로 한다.
2. **앞면유리 우측하단 및 뒷면유리 중앙상단**(제1종 보통연습면허의 경우에는 뒤 적재함 중앙)에 각각 부착한다.

18 정답 ③

출제지수	★★★	출제난도	★★
출제파트	교통사고처리 특례법		

◆ 「교통사고처리 특례법」(제3조 제2항)

▶ **중요법규 12개 위반항목**
1. **신호 또는 지시위반**
2. **중앙선 침범**, 고속도로등 횡단·유턴·후진 위반
3. **과속(제한속도 20km/h 초과)**
4. **앞지르기의 방법·금지시기·금지장소** 또는 끼어들기의 금지 위반, 고속도로에서의 앞지르기 방법 위반
5. 철길건널목 통과방법 위반
6. 횡단보도 보행자 보호의무 위반
7. 무면허, 국제운전면허증을 소지하지 아니하고 운전
8. 음주운전(약물운전)
9. 보도 침범, **보도 횡단방법 위반**
10. 승객 또는 승하차자 추락 방지 조치 위반
11. 어린이 보호구역 조치 준수 위반
12. **적재물 추락 방지 위반**

따라서 ⓑ, ⓒ, ⓓ, ⓔ 총 4개이다.
※ 중요법규 12개 위반항목에 해당하는 경우 피해자와 합의 유무 및 보험가입 유무에 관계없이 공소권이 있는 사고이므로 형사입건조치한다.

19 정답 ③

출제지수	★★★	출제난도	★★
출제파트	제3장 차마 및 노면전차의 통행방법 등		

〈보기〉 ⓐ ~ ⓔ까지 앞지르기 금지장소이다(법 제22조 제3항).
ⓕ : 경찰서장 → 시·도경찰청장

20 정답 ②

출제지수	★★	출제난도	★★
출제파트	제4장 운전자 및 고용주 등의 의무		

경찰공무원은 자동차등 또는 노면전차의 운전자가 **제43조부터 제45조까지의 규정**을 위반하여 자동차등 또는 노면전차를 운전하고 있다고 인정되는 경우에는 자동차등 또는 노면전차를 일시정지시키고 그 운전자에게 자동차 운전면허증을 제시할 것을 요구할 수 있다(법 제47조 제1항).
• 법 제43조 : 무면허운전 등의 금지
• 법 제44조 : 술에 취한 상태에서의 운전 금지
• 법 제45조 : 과로한 때 등의 운전 금지
따라서, 〈보기〉 중 ⓐ, ⓑ, ⓒ 3개이다.

자동차구조원리 및 도로교통법규 4회 정답 및 해설

Answer

01 ④	02 ②	03 ②	04 ③	05 ②	06 ①	07 ②	08 ③	09 ④	10 ①
11 ③	12 ②	13 ①	14 ③	15 ④	16 ①	17 ③	18 ②	19 ④	20 ②

01 정답 ④

난이도 : B

정답	정답률(%)	응시인원	선지별 응답자 수 ①	②	③	④	오류
④	50.0	24	2	9	1	12	0

① 자동차가 주행 중 제동장치의 영향을 받아 감속이 시작되는 시점부터 실제로 정지할 때까지의 거리를 제동거리라 한다.
② 실린더에서 연료가 연소하면서 발생된 이론적인 기관의 출력을 도시마력이라 한다.
③ 차량총중량이란 승차인원이 모두 승차하고 화물을 적재한 상태를 뜻한다.

기출문제 유형 교육청(2014), 전남(2015), 서울(2016), 전북(2017·2021), 경기(2019)

▶ 자동차의 제원 중 하나인 휠-트레드에 대한 설명으로 옳은 것은?

① 접지면에서 자동차의 가장 낮은 부분까지의 거리
② 정면에서 봤을 때 좌·우 타이어의 접촉면의 중심에서 중심까지의 거리
③ 부속품을 포함한 자동차의 좌·우 최대 너비
④ 측면에서 봤을 때 앞·뒤 바퀴 각각의 중심 수평거리

해설) 윤거(wheel Tread)의 정의
  ㉠ 자동차를 정면에서 보았을 때 좌우 타이어의 중심 사이의 거리이다.
  ㉡ 복륜인 경우에는 복륜 타이어의 중심에서의 거리이다.
  ㉢ 윤거가 변하는 독립현가방식인 경우에는 총중량 상태에서 측정한다.

정답 ②

02 정답 ②

난이도 : C

정답	정답률(%)	응시인원	①	②	③	④	오류
②	52.2	23	5	12	0	6	0

② NPN형 트랜지스터가 주로 사용되며 베이스 전원이 차단될 때 2차 코일에서 고전압이 발생된다.
④ 점화 1차 코일의 "-" 단자와 파워 트랜지스터 컬렉터 사이에서 점화파형을 찍으며 베이스 전류가 인가될 때(접점이 닫혔을 때) 0V 가까운 전압이 출력되고 이 구간을 드웰구간이라 한다.

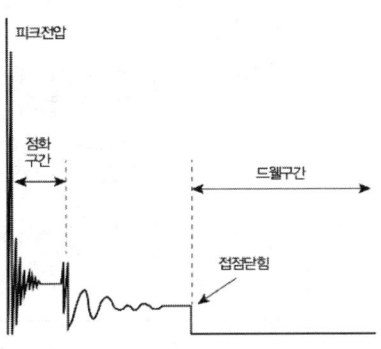

점화 1차 파형

기출문제 유형
부산(2015 · 2019), 경남(2018), 대구(2019), 대전(2019)

▶ 고에너지 점화장치에 사용되는 파워 트랜지스터의 설명으로 틀린 것은?
① 주로 NPN형 트랜지스터를 사용하며 베이스, 컬렉터, 이미터로 구성된다.
② 베이스는 ECU와 연결되며 크랭크각 센서, 1번 상사점 센서의 신호를 기준으로 제어된다.
③ 컬렉터는 점화코일 "-" 단자와 연결되며 베이스의 신호에 의해 전원이 제어된다.
④ 이미터는 접지와 연결되며 베이스 전원이 인가되는 순간 점화플러그에 불꽃이 발생한다.

해설) 파워 트랜지스터의 베이스 전원이 인가될 때 1차 코일에 자력이 발생되고 이후 베이스 전원이 차단되는 순간 점화 1차 코일에는 자기유도작용, 점화 2차 코일에는 상호유도작용이 발생된다. 점화 2차 코일에 발생된 고전압은 고압케이블을 거쳐 점화플러그에 전원이 공급되고 이 고전압에 의해 점화플러그에서 불꽃이 발생된다.

정답 ④

03 정답 ②

난이도 : B

② 클러치 디스크가 마모되면 클러치 유격이 작아지게 되어 차량가속이 원활하지 않고 연료소비율은 높아진다.
③ 클러치가 미끄러지지 않는 조건(Fμr ≥ C)
  C : 엔진의 회전력,   F : 클러치 스프링의 힘,
  r : 클러치 유효반경,   μ : 클러치판과 압력판 사이의 마찰계수

④ $\eta = \dfrac{\text{클러치에서 나온 동력}}{\text{클러치로 들어간 동력}} \times 100 = \dfrac{\text{클러치의 출력회전수} \times \text{클러치의 출력회전력}}{\text{엔진의 회전수} \times \text{엔진의 발생회전력}} \times 100$

$90 = \dfrac{1{,}000 \times 90}{1{,}000 \times 100} \times 100$

기출문제 유형　　　　　　　　　　　　　　　　　서울·경남(2018), 대구(2019), 강원(2021)

▶ 엔진의 회전수 3,000rpm에서 회전력은 60kg$_f$·m이다. 이때 클러치의 출력회전수가 2,400rpm이고 출력회전력이 50kg$_f$·m라면, 클러치의 전달효율은 약 몇 %인가?

① 62.67　　　　　　　　　　　② 64.67
③ 66.67　　　　　　　　　　　④ 68.67

해설) $\eta = \dfrac{\text{클러치에서 나온 동력}}{\text{클러치로 들어간 동력}} \times 100$

$= \dfrac{\text{클러치의 출력회전수(rpm)}\, N_2 \times \text{클러치의 출력회전력(m·kg}_f\text{)}\, T_2}{\text{엔진의 회전수(rpm)}\, N_1 \times \text{엔진의 발생회전력(m·kg}_f\text{)}\, T_1} \times 100$

$= \dfrac{2,400 \times 50}{3,000 \times 60} \times 100 ≒ 66.67\%$

정답 ③

04 정답 ③　　　　　　　　　　　　　　　　　　　　　　　　　　　　난이도 : D

정답	정답률(%)	응시인원	선지별 응답자 수				
			①	②	③	④	오류
③	50	16	0	5	8	2	1

◈ 디젤 산화 촉매 장치 : DOC(Diesel Oxidation Catalyst)
• 산화 촉매에 의해 CO, HC를 CO_2, H_2O로 변환
• PM의 구성성분인 HC를 감소시켜 PM을 10~20% 정도 감소 가능
• HC와 반응하여 배기온도를 상승시켜 DPF 재생이 원활하게 돕는다.

기출문제 유형　　　　　　　　　　　　　서울(2014), 경기(2014·2017), 교육청(2016·2019)

▶ 다음 자동차 배출가스 중 유해물질을 줄이기 위한 장치와 관련된 설명으로 가장 적합한 것은?

① 배기가스 재순환 장치(EGR : Exhaust Gas Recirculation)는 배기가스의 일부를 연소실로 재순환하며 연소 온도를 낮춤으로서 HC의 배출량을 감소시키는 장치이다.
② PCV 밸브, 오일 분리기를 통해 블로바이 가스를 흡입 계통으로 재유입하여 CO의 배출량을 줄일 수 있다.
③ 2차 공기공급 장치는 여과된 흡입공기 중의 일부를 배기 계통으로 보내어 NOx를 저감시킬 수 있다.
④ 선택적 촉매 환원장치 SCR(Selective Catalytic Reduction)는 '요소수'라 불리는 액체를 별도의 탱크에 보충한 뒤 열을 가하여 암모니아로 바꾼 후, 배기가스 중의 NOx와 화학반응을 일으켜 물과 질소로 바꾸게 한다.

해설) ① 배기가스 재순환 장치 : 질소산화물(NOx)의 배출량을 감소시키는 장치이다.
② PCV 밸브, 오일 분리기 : 블로바이 가스(HC)를 줄이기 위한 장치이다.
③ 2차 공기공급 장치 : 배기가스 중에 산소를 공급하여 CO, HC를 줄일 수 있다.

정답 ④

05 정답 ②

난이도 : A

정답	정답률(%)	응시인원	선지별 응답자 수				
			①	②	③	④	오류
②	42	50	17	21	8	4	0

② AAF(Active Air Flap)
④ AHB(Active Hydraulic Booster) : 전기차에서 내연기관의 진공을 얻을 수 없는 관계로 페달 답력을 만들어주는 페달시뮬레이터를 적용한 장치

유사문제 친환경 자동차의 변별력 문제는 기존에 출제되지 않은 유형의 문제인 경우가 많다.

▶ **전기자동차의 난방장치와 관련된 내용으로 옳지 않은 것은?**

① 난방을 할 때 PTC 히터 및 히트펌프를 주로 활용한다.
② 히트펌프는 난방을 필요로 하는 조건에서 코일에 고전압이 인가되어 열을 발생시킨다. 이후 코일에 블로워가 작동하면 찬 공기를 따뜻한 공기로 변환한다.
③ PTC 히터는 전원을 연결하면 바로 코일이 가열되어 그 열로 난방을 한다.
④ 히트펌프는 냉매의 흐름을 전환하여 냉방, 난방이 가능하도록 하는 기능을 한다.

해설)
• PTC(Positive Temperature Coefficient) 히터 : PTC 서미스터를 이용한 전기발열체 소자의 총칭으로 코일에 전류를 인가하여 온도가 적정 이상으로 올라가면 자체적으로 전류의 양을 줄여 적정 온도를 유지시킨다.
• 히트펌프(Heat pump) : 저전도 전용 냉각수를 활용해 외부 공기, 전기모터, 통합전력제어장치, 고전압 배터리 등에서 발생되는 열을 회수하여 열교환기를 통해 난방장치에 활용하여 겨울철 1회 충전 항속(恒速)거리를 늘릴 수 있다.

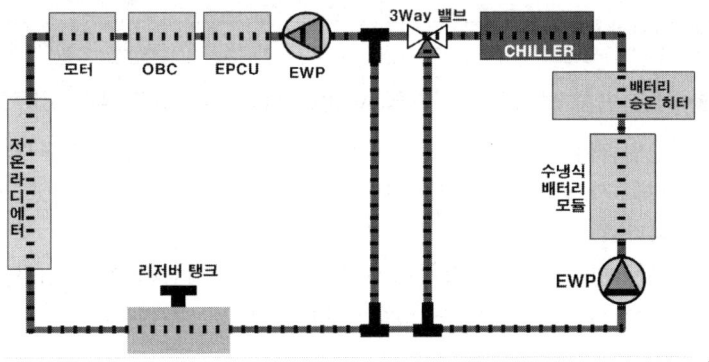

정답 ②

06 정답 ①

난이도 : C

정답	정답률(%)	응시인원	선지별 응답자 수				
			①	②	③	④	오류
①	29.2	24	7	5	5	7	0

① L, I, F, T형의 흡기 및 배기 밸브의 배치는 4행정 사이클 엔진에 해당되는 내용이다. 2행정 사이클 엔진은 대부분 밸브가 없는 구조이다.

> **기출문제 유형** 전북(2014), 교육청(2020)
>
> ▶ 4행정 사이클, 4기통, 직렬형 DOHC(Double Over Head Camshaft) 엔진에 대한 설명으로 가장 옳은 것은?
>
> ① 크랭크축의 메인저널은 5개이다.
> ② 엔진 전체 배기 밸브의 수는 4개이다.
> ③ 캠축과 크랭크축의 회전비는 2 : 1이다.
> ④ 흡기캠축이 2개이다.
>
> **해설)** ② 엔진 전체 배기 밸브의 수는 8개이다.
> ③ 캠축과 크랭크축의 회전비는 1 : 2이다.
> ④ 흡기와 배기캠축이 각 1개씩이다.
>
> 정답 ①

07 정답 ②

난이도 : C

정답	정답률(%)	응시인원	선지별 응답자 수				
			①	②	③	④	오류
②	50	18	5	9	2	2	0

② 유압 조정기(Hydraulic Control Unit)는 브레이크 마스터 실린더 이후에 설치되며 ECU의 제어를 받아 유압을 제어하는 액추에이터이다.

> **기출문제 유형** 경남(2015), 전남(2018), 경북(2021), 광주(2021)
>
> ▶ 잠김 방지 브레이크 시스템(ABS)에 대한 설명으로 맞는 것은? (단, 유압식이다.)
>
> ① 슬립률이 50% 이상 높아질 때 바퀴로 가는 유압을 증대시키는 역할을 한다.
> ② 제동 시 타이어의 미끄럼 방지, 조향 안정성 등을 확보하고 제동거리를 단축시키는 효과도 있다.
> ③ 모듈레이터의 조절상태에는 감압상태, 유지상태 2가지가 있다.
> ④ 모든 바퀴의 슬립률이 50%가 넘지 않도록 제어한다.

해설) ① 슬립률이 높아질 때 바퀴로 가는 제동 유압을 감압하는 역할을 한다.
③ 모듈레이터의 조절상태는 정상, 감압, 유지, 증압 4가지이고 ABS 작동 시에는 감압, 유지, 증압을 반복한다.
④ 제동 시 슬립률이 10~20%를 유지할 수 있도록 제어한다.

정답 ②

08 정답 ③ 난이도 : E

정답	정답률(%)	응시인원	①	②	③	④	오류
③	47.1	17	3	5	8	1	0

① 수온(온도) 스위치(Thermal switch) : 라디에이터 하부 탱크에 위치하여 냉각수의 온도가 90~100℃ 정도 되었을 때 전동팬을 작동시키기 위한 전원을 공급하는 역할을 한다. 반대로 설정온도 이하에서는 전원을 차단하여 팬의 작동을 중지시킨다.

③ 수온 조절기(Thermostat : 정온기) : 수온 조절기는 실린더 헤드 물재킷 출구에 설치되어 냉각수 통로를 개폐하여 냉각수 온도를 알맞게 조절한다. 그리고 열림 온도는 65℃~85℃이고 95℃ 정도면 완전히 개방된다.

냉각장치 빈출문제 유형
충남(2013), 강원(2014), 전북(2021)

▶ 다음 중 라디에이터(방열기)의 구비조건에 대한 설명으로 틀린 것은?
① 단위 면적당 발열량이 커야 한다.
② 공기저항이 작아야 한다.
③ 냉각수 흐름저항이 커야 한다.
④ 가볍고 작으며 강도가 커야 한다.

정답 ③

09 정답 ④ 난이도 : D

정답	정답률(%)	응시인원	①	②	③	④	오류
④	34.8	23	3	8	4	8	0

④ 가솔린 엔진 노킹의 주된 원인은 혼합가스 말단부의 착화로 인한 조기점화 때문이다. 따라서 가솔린 엔진은 고온의 희박한 조건에서 노킹이 더 잘 발생된다.
반대로 디젤엔진에서는 연료가 뭉쳐질 때 착화가 지연되어 노킹이 잘 발생되는 원인이 된다.

기출문제 유형　　　　　　　　　　　　　　　　　　서울(2013), 전북(2017), 서울보훈(2019)

▶ 가솔린 기관의 노킹발생 원인에 대한 설명으로 가장 옳지 않은 것은?

① 착화지연기간이 길 때 주로 발생한다.
② 점화시기가 빠를 때 주로 발생한다.
③ 기관을 과부하로 운전할 때 주로 발생한다.
④ 압축비가 너무 높을 때 주로 발생한다.

해설) 착화지연기간이 길어질 때 노킹이 주로 발생되는 것은 디젤 엔진에 해당된다. 가솔린 엔진에서 착화지연기간이 길어질 경우 혼합가스 말단부의 자연발화를 지연시켜 노킹을 잘 일으키지 않는 원인이 된다.

정답 ①

10 정답 ①　　　　　　　　　　　　　　　　　　　　　　　　　　난이도 : D

정답	정답률(%)	응시인원	선지별 응답자 수				
			①	②	③	④	오류
①	88	50	44	1	0	5	0

- 체크 밸브가 사용되는 곳 : 연료펌프, 동력조향장치의 안전체크 밸브, 브레이크 마스터 실린더, 공기 브레이크의 역류방지용 등
- 다이오드가 사용되는 곳 : 교류발전기의 정류기
- 원웨이 클러치가 사용되는 곳 : 토크컨버터 내 스테이터, 프리휠링 주행을 위한 유성기어, 기동전동기의 오버러닝 클러치 등

기출문제 유형　　　　　　　　　　　　　　　　　　　　　　　　교육청(2015)

▶ 다음 중 연료공급 계통의 재시동성 향상 및 잔압 유지 역할을 하는 것은?

① 체크 밸브　　　　　　② 릴리프 밸브
③ 딜리버리 밸브　　　　④ 니들 밸브

정답 ①

11 정답 ③

출제지수	★★★	출제난도	★
출제파트	제6장 도로의 사용		

도로의 점용허가를 한 도로관리청은 **경찰청장(고속도로)이나 관할 경찰서장(고속도로 외의 도로)**에게 그 내용을 통보할 때에는 문서로 하되, **허가증 사본과 허가신청서 사본**을 첨부하여야 한다(시행령 제33조 제1항).

12 정답 ②

출제지수	★★★	출제난도	★★
출제파트	제3장 차마 및 노면전차의 통행방법 등		

차로는 **횡단보도·교차로 및 철길건널목**에는 설치할 수 없다(시행규칙 제15조 제3항).

13 정답 ①

출제지수	★★	출제난도	★★
출제파트	특정범죄 가중처벌 등에 관한 법률		

◈ 어린이 보호구역에서 어린이 치사상의 가중처벌(특정범죄 가중처벌 등에 관한 법률 제5조의13)

> 1. 어린이를 사망에 이르게 한 경우에는 무기 또는 3년 이상의 징역에 처한다.
> 2. 어린이를 상해에 이르게 한 경우에는 **1년 이상 15년 이하의 징역 또는 500만원 이상 3천만원 이하의 벌금**에 처한다.

14 정답 ③

출제지수	★★	출제난도	★★
출제파트	제10장 운전면허의 행정처분		

모범운전자에 대하여는 면허 정지처분의 집행기간을 2분의 1로 감경한다. 다만, **처분벌점에 교통사고 야기로 인한 벌점이 포함된 경우에는 감경하지 아니한다**(시행규칙 별표 28 관련).

15 정답 ④

출제지수	★★★	출제난도	★★
출제파트	제3장 차마 및 노면전차의 통행방법 등		

◈ 밤에 도로에서 차를 운행하는 경우 등의 등화(시행령 제19조 제1항)

> 1. 자동차 : 자동차안전기준에서 정하는 전조등, 차폭등, 미등, 번호등과 실내조명등(실내조명등은 승합자동차와 「여객자동차 운수사업법」에 따른 여객자동차운송사업용 승용자동차만 해당)
> 2. 원동기장치자전거 : **전조등 및 미등**
> 3. 견인되는 차 : 미등·차폭등 및 번호등
> 4. 노면전차 : 전조등, 차폭등, 미등 및 실내조명등
> 5. 1.부터 4.까지의 규정 외의 차 : 시·도경찰청장이 정하여 고시하는 등화

16 정답 ①

출제지수	★★	출제난도	★★
출제파트		제7장 교통안전교육	

◆ 교통안전교육강사의 자격기준 등(법 제76조)

> ▶ 교통안전교육강사의 자격요건
> 1. 경찰청장이 발급한 학과교육 강사자격증을 소지한 사람
> 2. 도로교통 관련 행정 또는 교육 업무에 2년 이상 종사한 경력이 있는 사람으로서 대통령령으로 정하는 교통안전교육강사 자격교육을 받은 사람
>
> ▶ 교통안전교육강사의 결격사유
> 1. 다음 각 목의 어느 하나에 해당하는 죄를 저질러 금고 이상의 형을 선고받고 그 집행이 끝나거나 집행이 면제된 날부터 **2년이 지나지 아니한 사람** 또는 그 집행유예기간 중에 있는 사람
>
>> 가. 「교통사고처리 특례법」 제3조 제1항(업무상과실 또는 중대한 과실로 사람을 사망이나 상해에 이르게 한 자)에 따른 죄
>> 나. 「특정범죄 가중처벌 등에 관한 법률」 제5조의3(도주차량 운전자의 가중처벌), 제5조의11 제1항(위험운전 등 치사상) 및 제5조의13(어린이 보호구역에서 어린이 치사상의 가중처벌)에 따른 죄
>> 다. 「성폭력범죄의 처벌 등에 관한 특례법」 제2조에 따른 성폭력범죄
>> 라. 「아동·청소년의 성보호에 관한 법률」 제2조 제2호에 따른 아동·청소년대상 성범죄
>
> 2. 자동차를 운전할 수 있는 운전면허를 받지 아니한 사람 또는 초보운전자

17 정답 ③

출제지수	★★★	출제난도	★★
출제파트		제10장 운전면허의 행정처분	

ⓐ~ⓔ까지 모두 운전면허증 반납사유에 해당한다(법 제95조 제1항).

18 정답 ②

출제지수	★★★	출제난도	★★
출제파트		제8장 운전면허	

◆ 운전면허의 결격사유(법 제82조 제1항)

> 1. 18세 미만(원동기장치자전거는 16세 미만)인 사람
> 2. 교통상의 위험과 장해를 일으킬 수 있는 정신질환자 또는 뇌전증 환자로서 대통령

령으로 정하는 사람
3. **듣지 못하는 사람(제1종 운전면허 중 대형면허·특수면허만 해당)**, 앞을 보지 못하는 사람(한쪽 눈만 보지 못하는 사람의 경우에는 제1종 운전면허 중 대형면허·특수면허만 해당)이나 그 밖에 대통령령으로 정하는 신체장애인
4. 양쪽 팔의 팔꿈치관절 이상을 잃은 사람이나 양쪽 팔을 전혀 쓸 수 없는 사람. 다만, 본인의 신체장애 정도에 적합하게 제작된 자동차를 이용하여 정상적인 운전을 할 수 있는 경우에는 그러하지 아니하다.
5. 교통상의 위험과 장해를 일으킬 수 있는 마약·대마·향정신성의약품 또는 알코올 중독자로서 대통령령으로 정하는 사람
6. 제1종 대형면허 또는 제1종 특수면허를 받으려는 경우로서 19세 미만이거나 자동차(이륜자동차는 제외)의 운전경험이 1년 미만인 사람
7. 대한민국의 국적을 가지지 아니한 사람 중 외국인등록을 하지 아니한 사람이나 국내거소신고를 하지 아니한 사람

19 정답 ④

출제지수	★★★	출제난도	★★
출제파트	제3장 차마 및 노면전차의 통행방법 등		

◈ 앞지르기 금지의 시기(법 제22조 제1항 및 제2항)

① 모든 차의 운전자는 다음의 어느 하나에 해당하는 경우에는 앞차를 앞지르지 못한다.
  1. 앞차의 좌측에 다른 차가 앞차와 나란히 가고 있는 경우
  2. 앞차가 다른 차를 앞지르고 있거나 앞지르려고 하는 경우
② 모든 차의 운전자는 다음의 어느 하나에 해당하는 다른 차를 앞지르지 못한다.
  1. 이 법이나 이 법에 따른 명령에 따라 정지하거나 서행하고 있는 차
  2. 경찰공무원의 지시에 따라 정지하거나 서행하고 있는 차
  3. **위험을 방지하기 위하여 정지하거나 서행하고 있는 차**

20 정답 ②

출제지수	★★	출제난도	★★
출제파트	제10장 운전면허의 행정처분		

운전면허의 취소처분 또는 정지처분이나 **연습운전면허 취소처분에 대하여 이의가 있는 사람은 그 처분을 받은 날부터 60일 이내에 행정안전부령으로 정하는 바에 따라 시·도경찰청장에게 이의를 신청할 수 있다**(법 제94조 제1항).

자동차구조원리 및 도로교통법규 5회 정답 및 해설

Answer

| 01 ① | 02 ② | 03 ③ | 04 ④ | 05 ③ | 06 ③ | 07 ① | 08 ① | 09 ① | 10 ① |
| 11 ② | 12 ② | 13 ① | 14 ② | 15 ④ | 16 ② | 17 ① | 18 ② | 19 ④ | 20 ② |

01 정답 ①
난이도 : C

① 인히비터 스위치가 불량할 때 P레인지에서 엔진의 크랭킹도 되지 않는다.

기출문제 유형
전북(2020), 서울(2024), 전남(2016), 경남(2016)

▶ 가솔린엔진에 자동변속기 차량에서 크랭킹은 가능하나 시동이 걸리지 않을 때의 설명으로 거리가 먼 것은?

① 연료펌프의 고장
② 공전속도 조절장치의 고장
③ 점화플러그의 고장
④ 인히비터스위치의 고장

정답 ④

▶ 자동변속기 유체 클러치 오일의 구비 조건으로 가장 옳지 않은 것은?

① 비중이 낮을 것
② 점도가 낮을 것
③ 비등점이 높을 것
④ 응고점이 낮을 것

정답 ①

▶ 유성기어 장치에서 출력인 링기어가 역전하고 있는 경우로 맞는 것은?

① 유성기어 캐리어를 고정하고 선기어를 구동하면 링기어는 감속한다.
② 유성기어 캐리어를 고정하고 선기어를 구동하면 링기어는 역선 증속된다.
③ 선기어를 고정하고 유성기어 캐리어를 구동하면 링기어는 감속한다.
④ 선기어를 고정하고 유성기어 캐리어를 구동하면 링기어는 역전 증속된다.

정답 ①

▶ 오버드라이브 장치의 설명으로 맞는 것은?

① 변속비가 1보다 작을 때로 오버드라이브 장치의 입력축의 속도보다 출력축의 속도가 더 빠르다.
② 추진축과 종감속장치 사이에 유성기어 형식으로 설치된다.
③ 출력축의 토크가 부족하여 가속 페달을 더 밟아야 하므로 연료소비량이 증대된다.
④ 일반적으로 링기어를 고정시키고 유성기어 캐리어를 구동시켜 선기어를 증속을 한다.

정답 ①

02 정답 ②

난이도 : D

정답	정답률 (%)	응시인원	선지별 응답자 수				
			①	②	③	④	오류
②	81	42	0	34	5	3	0

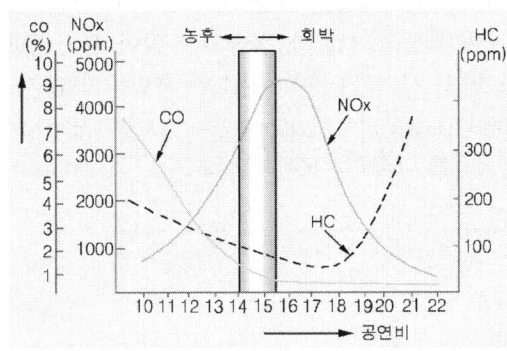

공연비와 배기가스의 관계

기출문제 유형 전남(2017)

▶ 자동차에서 배출되는 배기가스 중의 물질에 대한 특징을 설명한 것으로 틀린 것은?

① 농후한 혼합기에서 CO와 HC의 배출량은 높다.
② 과도하게 희박한 혼합비는 HC의 발생량을 높인다.
③ 경제적인 운전이 가능한 희박한 혼합비에서 NOx의 발생량이 가장 높다.
④ CO_2의 발생량은 지구 온난화에 영향을 준다.

정답 ③

---

03 정답 ③

난이도 : C

정답	정답률 (%)	응시인원	선지별 응답자 수				
			①	②	③	④	오류
③	71.4	42	3	7	30	2	0

디젤기관의 연소실에서 자기착화에 이상적인 압력이 만들어지기 전의 연료분사는 착화지연을 발생시키고 노킹의 주된 원인으로 작용된다. 이렇게 노킹이 발생될 경우 배기가스의 색은 황색이나 흑색이 되고 출력이 낮아져 저속회전에서 부조를 발생시킨다.
출력을 제대로 사용하지 못하는 관계로 회전수를 높이기 위해 가속페달을 더 작동시킬 것이고 이는 연료의 소비율을 높이는 원인이 될 것이다.

> **기출문제 유형** 전북(2021)

▶ 디젤 엔진에서 예열과정 중 매연이 발생되는 원인으로 틀린 설명은?

① 온도가 낮아 입자상물질이 응집되어 덩어리지기 때문에
② 출력을 높이기 위해 연료를 다량 분사하기 때문에
③ 연료입자가 대기 중의 산소와 결합되지 않아 불완전연소하기 때문에
④ 연료입자가 연소 시 공기 중의 산소와 혼합되지 않기 때문에

해설) 디젤 엔진은 예열을 하기 위해 예열플러그나 흡기 히터 등의 전열기구를 사용한다. 즉, 예열 중에 연료를 다량으로 분사하지 않는다.

정답 ②

04 정답 ④   난이도 : B

$72\text{km/h} = \dfrac{72,000\text{m}}{3,600\text{sec}} = 20\text{m/s}$, 공주시간 0.5sec이므로 공주거리 χ는

$20\text{m} : 1\text{sec} = \chi\text{m} : 0.5\text{sec}, \ \chi = 10\text{m}$

제동거리 $S = \dfrac{V^2}{2\mu g} = \dfrac{(20\text{m/sec})^2}{2 \times 0.5 \times 9.8\text{m/s}^2}$ (μ : 마찰계수, g : 중력가속도)

$S = \dfrac{400\text{m}^2/\text{s}^2}{9.8\text{m/s}^2} = 40.8\text{m}$

정지거리 = 공주거리 + 제동거리 = 10m + 40.8m = 50.8m

> **기출문제 유형** 경기(2023)

▶ 운전자가 전방에서 발생한 위험을 인식하고 브레이크를 밟아 제동이 일어나기 전까지의 거리를 공주거리라고 한다. 이때 소요된 시간을 공주시간이라고 한다. 차량이 108km/h로 주행하고 있을 때 전방에 위험물을 발견하고 급제동을 하였을 때의 공주시간이 0.6초, 제동시간은 0.8초였다. 이때의 공주거리는 얼마인가?

① 9m ② 18m
③ 27m ④ 36m

해설)

정답	정답률(%)	응시인원	선지별 응답자 수				
			①	②	③	④	오류
②	76.5	17	0	13	2	2	0

$108\text{km/h} = \dfrac{108,000\text{m}}{3,600\text{sec}} = 30\text{m/sec}$이다. 공주거리를 이동하는 시간이 0.6sec이므로

비례식으로 표현하면 30m : 1sec = □ m : 0.6sec가 된다.
따라서 □ = 18m이다.

정답 ②

05 정답 ③

난이도 : E

정답	정답률 (%)	응시인원	선지별 응답자 수				
			①	②	③	④	오류
③	54.2	24	0	7	13	4	0

① 점도는 적당하고 점도지수는 높아야 한다.
② 엔진이 작동할 때 각 부에서 발생되는 열을 잘 식히거나 전달할 수 있어야 한다.
④ 유압 조절밸브 스프링의 장력이 과할 경우 유압이 높아져서 엔진오일 경고등은 점등되지 않는다.

기출문제 유형 경북(2020), 경북·대전(2021), 전남(2022)

▶ 엔진오일로 사용되는 윤활유의 구비조건으로 맞는 것은?

① 점도가 적당하고 점도지수는 낮아야 한다.
② 응고점은 높아야 하고 인화점은 낮아야 한다.
③ 착화점이 높아야 한다.
④ 적당한 기포 발생으로 오일의 호흡작용에 도움이 되어야 한다.

해설) ① 점도가 적당하고 점도지수는 높아야 한다.
② 응고점은 낮아야 하고 인화점은 높아야 한다.
④ 청정력이 커야 하고 기포 발생이 적어야 한다.

정답 ③

---

06 정답 ③

난이도 : B

정답	정답률 (%)	응시인원	선지별 응답자 수				
			①	②	③	④	오류
③	66.7	42	2	10	28	2	0

① 차동기어장치는 랙과 피니언 기어의 원리로 직진과 선회를 할 수 있다.
② 독립방식의 연료분사펌프는 랙과 피니언 기어를 활용하여 연료의 분사량을 가감할 수 있다.
③ 수동 변속기의 치합 방식으로 섭동기어식, 상시물림식, 동기물림식 등이 있으며 랙과 피니언 기어 장치를 활용하지 않는다.
④ 소형 승용차의 조향기어박스의 종류로 랙과 피니언 기어가 있다.

기출문제 유형 전북(2014·2020), 경기(2016), 교육청(2017), 서울(2018)

▶ 선회 시 두 바퀴의 회전수 차이를 자연스레 주기 위한 차동기어장치의 원리로 맞는 것은?

① 애커먼 장토의 원리 ② 파스칼의 원리
③ 드가르봉의 원리 ④ 랙과 피니언의 원리

해설) ① 조향장치의 원리이다.
② 유압브레이크의 원리이다.
③ 가스봉입 방식의 쇽업소버이다.

정답 ④

07 정답 ① 난이도 : C

정답	정답률 (%)	응시인원	선지별 응답자 수				
			①	②	③	④	오류
①	29.2	24	7	6	8	3	0

① 스톨테스트 규정값이 규정회전수보다 높을 때에는 변속기의 이상을 의심할 수 있기 때문에 엔진의 성능을 점검하지 않는다.

기출문제 유형 경남(2018), 전북(2023)

▶ 기관 해체 정비 기준으로 맞는 것은?

① 압축압력이 규정값의 70% 이하일 때
② 연료소비율이 표준소비율의 20% 이상일 때
③ 윤활유소비율이 표준소비율의 20% 이상일 때
④ 각 실린더의 압축압력의 차이가 20% 이상일 때

해설) 엔진 해체 정비 시기의 기준
① 압축압력이 규정값의 70% 이하일 때
② 연료소비율이 표준소비율의 60% 이상일 때
③ 윤활유소비율이 표준소비율의 50% 이상일 때

정답 ①

08 정답 ①

난이도 : D

정답	정답률 (%)	응시인원	선지별 응답자 수				오류
			①	②	③	④	
①	50	24	12	5	2	5	0

① 공기의 유량을 간접적으로 검출하기 위해 MAP센서를 사용하고 D-제트로닉 방식으로 분류된다.

> **기출문제 유형**　　　　　　　　　대구(2015), 서울(2016), 서울보훈(2020), 충남·광주(2022)
>
> ▶ 흡기다기관 내의 절대압력, 스로틀 밸브의 열림 정도, 엔진의 회전 속도로부터 흡입공기량을 간접 계측하는 공기유량 센서로 가장 옳은 것은?
>
> ① MAP 센서 방식　　　　　　　② 베인 방식
> ③ 칼만와류 방식　　　　　　　④ 열선 및 열막 방식
>
> 해설)　① 공기량을 간접 계측하는 D-제트로닉의 MAP 센서 외에 나머지 ②, ③, ④는 직접 계측하는 방식이다.
>
> 　　　　　　　　　　　　　　　　　　　　　　　　　　　　　　　　　정답 ①

09 정답 ①

난이도 : D / 기출문제 : 충북(2023)

정답	정답률 (%)	응시인원	선지별 응답자 수				오류
			①	②	③	④	
①	52.9	17	9	2	4	2	0

모터는 전기에너지로 구동되는 장치이다. 따라서 전기적 에너지를 기계적 에너지로 변화시키는 장치이다.

> **기출문제 유형**　　　　　　　　　　　　　　　　　　　　　　　　　　　　전남(2018)
>
> ▶ 하이브리드 자동차에 대한 설명으로 가장 거리가 먼 것은?
>
> ① 2개의 동력원을 이용하여 구동되는 차량을 말하며 일반적으로 내연기관과 전기모터를 함께 사용한다.
> ② 병렬형은 모터의 위치에 따라 마일드(소프트)타입과 풀(하드)타입으로 나뉜다.
> ③ 제동 시에는 회생제동 브레이크 시스템을 사용하여 차량의 전기에너지를 모터를 통해 운동에너지로 전환하여 배터리를 충전한다.
> ④ 마일드(소프트)타입은 모터 단독주행이 불가능하나 풀(하드)타입은 모터 단독주행이 가능하여 내연기관의 연료소비율을 낮출 수 있다.
>
> 해설)　회생제동
> 　　　　첫째, 브레이크를 작동시키면서 얻는 운동에너지를 활용하여 발전기를 구동시킨다.
> 　　　　둘째, 발전기를 구동하여 배터리를 충전하는 전기에너지로 전환한다.
>
> 　　　　　　　　　　　　　　　　　　　　　　　　　　　　　　　　　정답 ③

10 정답 ①

난이도 : A

정답	정답률(%)	응시인원	선지별 응답자 수				
			①	②	③	④	오류
①	50.0	24	12	4	7	1	0

구 분		고전압배터리 용량	고전압배터리 전압	구동모터 용량
FCEV		1.56kWh	240V(스택250~450V)	113kW
EV		16~100kWh	350~900V	150kW
PHEV		4~16kWh	270V	50kW(HSG 8.5kW)
HEV	하드형	1.76kWh	270V	30kW(HSG 8.5kW)
	소프트형	1.32kWh	180V	15kW

기출문제 유형
경기(2023)

▶ 최근 전기자동차에 적용되는 배터리 중에 리튬이온 2차 전지가 대표적이다. 이 리튬이온 2차 전지의 특성으로 옳지 않은 것은?

① 상대적으로 에너지 밀도가 높다.
② 자기방전이 적다.
③ 대전류 방전에 적합하다.
④ 뛰어난 사이클 특성으로 방전심도(DOD : Depth of discharge)가 우수하다.

해설)

정답	정답률(%)	응시인원	선지별 응답자 수				
			①	②	③	④	오류
③	52.9	17	5	2	9	1	0

③ 리튬이온 배터리는 대전류 방전에 적합하지 않다. 따라서 슈퍼커패시터 등의 도움을 받게 된다.
④ "방전심도가 높다."라고 표현하면 틀린 선지가 되지만 우수하다 표현했기 때문에 맞는 내용이다.
　충전상태(SOC : State of charge)와 반대되는 개념으로 방전심도를 사용한다.
　예 SOC=100% → DOD=0%, SOC=70% → DOD=30%
• 방전심도(DOD : Depth of discharge) : 배터리의 방전상태를 뜻하는 용어. 방전심도를 높게 하면 배터리 사이클이 줄어들게 되므로 배터리 용량이 줄어들 때마다 자주 충전하는 것이 배터리 수명을 오래 유지할 수 있는 방법에 해당된다.

정답 ③

11 정답 ②

출제지수	★★★	출제난도	★★★
출제파트	제8장 운전면허		

ⓐ : 5년, ⓑ : 3년, ⓒ : 1년, ⓓ : 2년
따라서 모두 더한 합은 11년이다.

12 정답 ②

출제지수	★★★	출제난도	★★
출제파트	제8장 운전면허		

◆ 제2종 보통으로 운전할 수 있는 차의 종류(시행규칙 별표 18)

제2종 보통면허	1. 승용자동차 2. 승차정원 10명 이하의 승합자동차 3. 적재중량 4톤 이하의 화물자동차 4. 총중량 3.5톤 이하의 특수자동차(구난차등은 제외한다) 5. 원동기장치자전거

따라서 ⓐ, ⓓ, ⓔ 총 3개이다.

13 정답 ①

출제지수	★★★	출제난도	★★
출제파트	제3장 차마 및 노면전차의 통행방법 등		

모든 차 또는 노면전차의 운전자는 보행자가 횡단보도를 통행하고 있거나 통행하려고 하는 때에는 보행자의 횡단을 방해하거나 위험을 주지 아니하도록 그 횡단보도 앞에서 **일시정지하여야 한다**(법 제27조 제1항).

14 정답 ②

출제지수	★★	출제난도	★★★
출제파트	제10장 운전면허의 행정처분		

시·도경찰청장은 ①, ③, ④에 해당하는 경우에는 운전면허를 취소하거나 1년 이내의 범위에서 운전면허의 효력을 정지시킬 수 있으며, **②에 해당하는 경우에는 운전면허를 취소**하여야 한다(법 제93조 제1항).

15 정답 ④

출제지수	★★★	출제난도	★★
출제파트	제8장 운전면허		

시·도경찰청장이 운전면허효력 정지처분을 받은 사람으로부터 운전면허증을 회수하였을 때에는 이를 보관하였다가 **정지기간이 끝난 즉시 돌려주어야 한다**(법 제95조 제3항).

16 정답 ②

출제지수	★★★	출제난도	★★
출제파트	제3장 차마 및 노면전차의 통행방법 등		

◆ 자동차등과 노면전차의 속도(시행규칙 제19조)
ⓐ : 80km/h 이내 ⓑ : 45km/h
ⓒ : 50km/h ⓓ : 64km/h

따라서 느린 것에서 빠른 것으로 순서대로 나열하면 ⓑ - ⓒ - ⓓ - ⓐ이다.

17 정답 ①

출제지수	★★	출제난도	★★
출제파트	제3, 8장		

ⓐ 시·도경찰청장이나 경찰서장은 보행자우선도로에서 보행자를 보호하기 위하여 필요하다고 인정하는 경우에는 차마의 통행속도를 시속 **20**킬로미터 이내로 제한할 수 있다(법 제28조의2).

ⓑ 모바일운전면허증의 발급에 필요한 정보를 암호화하기 위해 이동통신단말장치에 설치·사용하는 전자적 정보의 유효기간은 **3**년으로 한다(시행규칙 제78조의2 제5항).

ⓒ 장내기능시험에 불합격한 사람은 불합격한 날부터 **3**일이 지난 후에 다시 장내기능시험에 응시할 수 있다(시행령 제48조 제5항).

따라서 20+3+3=26이다.

18 정답 ②

출제지수	★★★	출제난도	★★
출제파트	제13장 벌칙		

◆ 벌칙(법 제148조의2)

▶ 음주운전의 벌칙(자동차등 또는 노면전차를 운전한 사람으로 한정함)	
0.03% 이상 0.08% 미만	1년 이하의 징역이나 500만원 이하의 벌금
0.08% 이상 0.2% 미만	**1년 이상 2년 이하의 징역이나 500만원 이상 1천만원 이하의 벌금**
0.2% 이상	2년 이상 5년 이하의 징역이나 1천만원 이상 2천만원 이하의 벌금
측정 불응	1년 이상 5년 이하의 징역이나 500만원 이상 2천만원 이하의 벌금

19 정답 ④

출제지수	★★★	출제난도	★★
출제파트	제3장 차마 및 노면전차의 통행방법 등		

◆ 회전교차로 통행방법(법 제25조의2)

> ① 모든 차의 운전자는 회전교차로에서는 반시계방향으로 통행하여야 한다.
> ② 모든 차의 운전자는 회전교차로에 진입하려는 경우에는 서행하거나 일시정지하여야 하며, **이미 진행하고 있는 다른 차가 있는 때에는 그 차에 진로를 양보하여야 한다.**
> ③ ① 및 ②에 따라 회전교차로 통행을 위하여 손이나 방향지시기 또는 등화로써 신호를 하는 차가 있는 경우 그 뒤차의 운전자는 신호를 한 앞차의 진행을 방해하여서는 아니 된다.

20 정답 ②

출제지수	★	출제난도	★★
출제파트	제3장 차마 및 노면전차의 통행방법 등		

◆ 버스전용차로 통행의 지정을 취소하여야 하는 경우(시행규칙 제18조 제2항)

> 1. **통학·통근용으로 사용하지 아니하게 된 경우**
> 2. **시·도경찰청장이 정한 기간이 종료된 경우**
>
> 따라서 ⓐ, ⓒ가 지정취소 사유이며, 시·도경찰청장은 버스전용차로 통행의 지정을 취소한 때에는 지체 없이 버스전용차로통행지정증을 회수하여야 한다(시행규칙 제18조 제3항).

자동차구조원리 및 도로교통법규 6회 정답 및 해설

Answer

01 ①	02 ③	03 ②	04 ④	05 ②	06 ②	07 ②	08 ③	09 ③	10 ④
11 ④	12 ①	13 ④	14 ②	15 ②	16 ③	17 ①	18 ①	19 ②	20 ③

01 정답 ①

난이도 : C / 기출문제 : 전북(2023)

정답	정답률(%)	응시인원	선지별 응답자 수				오류
			①	②	③	④	
①	66.7	12	8	0	3	1	0

◆ 2행정 사이클 엔진(2 Stroke cycle engine)
㉠ 4행정 사이클에 비해 1.6~1.7배의 출력이 발생하며, 마력당 중량이 적고 값이 싸다.
㉡ 크랭크축 1회전에 1회 폭발하므로 실린더 수가 적어도 회전이 원활하다.
㉢ 밸브 장치가 간단하므로 소음이 적고, 회전력의 변동이 적다.
㉣ 유효 행정이 짧아 흡·배기가 불완전하며, 저속이 어렵고 역화가 발생한다.
㉤ 피스톤링의 소손이 빠르며, 연료 소비율 및 윤활유의 소비량이 높다.

기출문제 유형   전북(2014), 대구(2019·2020), 인천(2020·2022), 경북(2022)

▶ 엔진과 관련된 내용으로 틀린 것은?
① 오버스퀘어 엔진은 피스톤의 속도를 높이지 않아도 크랭크축의 회전속도를 높일 수 있다.
② 피스톤이 상사점에 위치하였을 때 형성되는 부피를 간극체적이라 한다.
③ 2행정 사이클 엔진의 주 행정은 압축과 폭발이다.
④ 압축비는 행정체적에 대한 간극체적의 비로 구할 수 있다.

해설) ④ 압축비는 간극(연소실)체적에 대한 실린더체적의 비로 구할 수 있다.

정답 ④

02 정답 ③

난이도 : B

정답	정답률(%)	응시인원	선지별 응답자 수				
			①	②	③	④	오류
③	33.3	12	3	4	4	1	0

- **코너링 포스** : 타이어가 어떤 슬립각을 가지고 선회할 때 접지면에 발생하는 힘 가운데, 타이어의 진행 방향에 대하여 안쪽 직각으로 작용하는 성분을 코너링 포스라 한다. 전륜 코너링 포스가 후륜 코너링 포스보다 클 때 원래 주행하려고 했던 선회 방향보다 많이 조향되어(오버 스티어링) 주행된다.

기출문제 유형　　　　　　　　　　　　　　　　　서울(2015)

▶ 자동차가 선회할 때 원심력과 평형을 이루는 힘은?

① 언더 스티어링(under steering)　② 오버 스티어링(over steering)
③ 셋백(set back)　　　　　　　　　④ 코너링 포스(cornering force)

해설) ① 언더 스티어링 현상(U.S.) : 뒷바퀴에 작용하는 코너링 포스가 커서, 선회 반경이 커지는 현상이다.
② 오버 스티어링 현상(O.S.) : 앞바퀴에 작용하는 코너링 포스가 커서, 선회 반경이 적어지는 현상이다.
③ 셋백 : 동일 차축에서 한쪽 차륜이 반대쪽 차륜보다 앞 또는 뒤로 처져 있는 정도를 뜻한다.

정답 ④

---

03 정답 ②

난이도 : C / 기출문제 : 전북(2023)

정답	정답률(%)	응시인원	선지별 응답자 수				
			①	②	③	④	오류
②	25	12	0	3	9	0	0

② 디젤기관 대비 매연은 100%, 가솔린 대비 일산화탄소는 20~30% 감소된다.
③ 200bar 이상의 높은 연료가 압력 조절기에서 6.2bar 정도로 압력이 낮아지면서 온도도 낮아지게 된다. 이를 보상하기 위한 열 교환기(냉각수 활용)가 냉간 시에는 온도가 낮기 때문에 시동이 어렵게 된다.

> 기출문제 유형   대구·경남(2016), 부산(2021)

▶ 압축천연가스에 대한 설명으로 틀린 것은?

① 천연가스에서 직접 얻어 메탄(CH_4)이 주성분이며 약 200bar 정도로 압축한 상태로 저장하였다가 감압장치를 거쳐 흡기다기관에 분사하여 사용한다.
② 공기보다 무거워서 누설 시 대기 중으로 쉽게 확산되지 않으므로 안전성이 높다.
③ 옥탄가가 높아(RON135) 연료로 사용하는 엔진의 소음과 진동이 작다.
④ CO 배출량이 아주 적고 매연이나 미립자를 거의 생성하지 않는 친환경 연료이다.

해설) ② 공기보다 가벼워 누설 시 대기 중으로 쉽게 확산되므로 안전성이 높다.

정답 ②

04 정답 ④ 난이도 : D

④ 독립현가 방식에 사용되는 스프링은 대부분 감쇠력이 없어 쇽업소버를 병용해야 하고 스프링을 보조하기 위한 장치들이 조합되는 경우가 많아 일체식 현가장치에 비해 구성이 상대적으로 복잡하다.

> 기출문제 유형   경북(2022)

▶ 독립식 차축의 현가방식 설명 중 틀린 것은?

① 바퀴가 시미를 잘 일으키지 않고 로드홀딩이 좋다.
② 스프링 아래 질량이 커서 승차감이 나쁘다.
③ 스프링 정수가 적은 것을 사용할 수 있다.
④ 볼 조인트를 많이 사용하여 시간이 흘렀을 때 유격에 의해 전차륜 얼라이먼트가 틀어지기 쉽다.

정답 ②

05 정답 ② 난이도 : E / 기출문제 : 경남(2016), 교육청(2019)

정답	정답률(%)	응시인원	선지별 응답자 수				
			①	②	③	④	오류
②	58.3	24	2	14	1	6	1

◆ 수냉식 엔진의 과열 원인
㉠ 워터 펌프 구동 벨트의 장력이 적은 경우
㉡ 라디에이터 코어 막힘이 20% 이상일 때
㉢ 수온 조절기가 닫힌 상태로 고장일 때
㉣ 냉각수가 부족할 때
㉤ 워터 펌프 구동 벨트에 오일이 부착되었을 때
㉥ 냉각수 통로가 막혔을 때(워터 재킷 내에 스케일이 많이 있는 경우)

기출문제 유형   전남(2018), 대전(2019)

▶ 라디에이터 캡의 기능 및 특징에 대한 설명으로 틀린 것은?

① 냉각장치의 비등점을 높여 냉각범위를 넓히기 위해 사용한다.
② 압력은 게이지 압력으로 0.9kg_f/cm² 정도이며, 비등점은 112℃이다.
③ 라디에이터 캡은 압력밸브와 진공밸브로 구성된다.
④ 압력밸브는 냉각장치 내 온도가 낮아졌을 때 열리게 되며 오버플로 파이프를 통해 보조 물탱크 쪽으로 냉각수를 배출시키는 역할을 한다.

해설) 압력밸브는 냉각장치 내 온도가 높아졌을 때 열리게 되며 오버플로 파이프를 통해 보조 물탱크 쪽으로 냉각수를 배출시키는 역할을 한다.

정답 ④

06 정답 ② 난이도 : D

정답	정답률(%)	응시인원	①	②	③	④	오류
②	81	21	0	17	1	2	1

◆ 디스크 브레이크의 단점
㉠ 마찰 면적이 적어 패드의 압착력이 커야 한다.
㉡ 자기 작동 작용이 없어 페달 조작력이 커야 한다.
㉢ 패드의 강도가 커야 하며, 패드의 마모가 빠르다.
㉣ 디스크에 이물질이 쉽게 달라붙는다.

기출문제 유형   서울(2013), 인천(2022)

▶ 제동장치의 유압회로 내에서 베이퍼 록이 발생되는 원인이 아닌 것은?

① 긴 내리막길에서 브레이크를 많이 사용하였을 때
② 비점이 높은 브레이크 오일을 사용하였을 때
③ 드럼과 라이닝의 끌림에 의하여 가열되었을 때
④ 브레이크 슈의 리턴 스프링의 소손에 의한 잔압이 저하되었을 때

해설) 베이퍼 록(Vapor lock)의 원인
  • 과도한 브레이크 사용 시
  • 긴 비탈길에서 장시간 브레이크 사용 시
  • 브레이크 라이닝의 끌림으로 인한 페이드 현상 시
  • 오일의 변질로 인한 비점 저하, 불량 오일 사용 시
  • 마스터 실린더, 브레이크 슈의 리턴 스프링 소손에 의한 잔압의 저하

정답 ②

07 정답 ②

난이도 : B / 기출문제 : 전남(2016), 서울(2020)

정답	정답률(%)	응시인원	①	②	③	④	오류
②	25	12	2	3	5	2	0

편평비 = $\dfrac{\text{타이어 높이}}{\text{타이어 폭}} \times 100$, $55 = \dfrac{H}{235\text{mm}} \times 100$, $H = 129\text{mm} ≒ 13\text{cm}$

기출문제 유형
부산(2021)

▶ 타이어에서 각 주요부의 명칭과 정의로 옳지 않은 것은?

① 비드부 – 타이어의 골격을 이루는 부분으로 주행 중 노면 충격에 따라 변형되어 완충 작용을 한다.
② 트레드 – 원어는 "밟는다."는 뜻으로 타이어가 노면에 접하는 면을 말하며 좌우 바퀴의 간격 치수를 의미하기도 한다.
③ 사이드 월 – 카커스를 보호하고 유연한 굴신 운동으로 승차감을 향상시키는 역할을 한다.
④ 숄더 – 타이어의 어깨 부분으로 트레드와 사이드 월의 경계 부분을 말하며 주행 중 내부 발생 열을 쉽게 발산시키는 구조로 설계되어 있다.

해설) ①은 카커스에 대한 설명이다.
- 비드부 : 휠의 림과 직접 접촉되어 접착시키고 코드지의 끝 부분을 감아 주어 공기압이 급격히 감소되어도 타이어가 림에서 빠져나가지 않도록 하는데 이것은 내부에 비드선(bead wire)이 원둘레 방향으로 몇 가닥 들어 있기 때문이다.

정답 ①

08 정답 ③

난이도 : B

정답	정답률(%)	응시인원	①	②	③	④	오류
③	65	20	1	3	13	3	0

- **병렬접속** : 전압계, 실드형 예열플러그, 분권전동기의 계자 코일과 전기자 코일 결선, 전조등 연결, 점화장치 접점과 축전기 연결, 기동전동기의 홀딩코일 등
- **직렬접속** : 전류계, 코일형 예열플러그, 직권전동기의 계자 코일과 전기자 코일 결선, 퓨즈 연결 등

| 기출문제 유형 | 서울(2022) |

▶ 〈보기〉에서 저항의 접속방법 중 병렬접속에 대한 설명으로 옳은 것을 모두 고른 것은?

〈보기〉
㉠ 각 저항에 흐르는 전류의 크기는 같다.
㉡ 어느 저항에서나 동일한 전압이 가해진다.
㉢ 많은 저항들이 연결될수록 합성저항은 작아진다.
㉣ 합성저항은 각 저항의 합과 같다.

① ㉠, ㉢ ② ㉠, ㉣
③ ㉡, ㉢ ④ ㉡, ㉣

해설) ㉠ 병렬접속 : 각 저항에 흐르는 전류의 크기는 저항의 값에 따라 다르다.
㉣ 합성저항 : $\frac{1}{R} = \frac{1}{R_1} + \frac{1}{R_2} + \frac{1}{R_3} + \cdots$ 로 나타낼 수 있다.

정답 ③

09 정답 ③   난이도 : A

정답	정답률(%)	응시인원	①	②	③	④	오류
③	38.9	18	3	8	7	0	0

가속저항$(R_4) = a \cdot \dfrac{(W + w')}{g}$

※ $a = \dfrac{\text{나중속도}(V_1) - \text{처음속도}(V_0)}{\text{주행시간}(t)} (\text{m}/\sec^2)$

$a = \dfrac{\dfrac{36000\text{m}}{3600\sec}}{2\sec} = 5\text{m}/\sec^2$

$R_4 = 5\text{m}/\sec^2 \times \dfrac{(900\text{kg}_\text{f} + 80\text{kg}_\text{f})}{9.8\text{m}/\sec^2} = 500\text{kg}_\text{f}$

| 기출문제 유형 | 경기(2023) |

▶ 무게가 1,000kg인 자동차가 등판각도 6°(0.1rad)인 경사면을 올라갈 때, 구배저항이 다음 중 가장 가까운 것은?

① 100N ② 490N
③ 980N ④ 6,000N

해설) 등판저항(R_3) = W · sin(θ) = 1,000kg$_f$ × sin6°
여기서 0.1rad은 반지름 1에 높이가 0.1인 직각삼각형이므로
sin6° = $\frac{높이}{빗변}$ = $\frac{0.1}{1}$ = 0.1이 된다.
따라서 R_3 = 1,000kg$_f$ × 0.1 = 100kg$_f$
1kg$_f$ = 9.8N이므로 100kg$_f$ × 9.8 = 980N

정답 ③

10 정답 ④

난이도 : C / 기출문제 : 경기(2014)

정답	정답률(%)	응시인원	선지별 응답자 수 ①	②	③	④	오류
④	61.1	18	2	3	2	11	0

냉간 시동 시는 연료가 완전연소하지 못해 회색이나 검정색의 배기가스 색깔을 띠게 된다. 황색 및 검정색은 노킹의 원인, 옅은 자색은 희박 연소 시 띠는 배기가스 색깔이다.

기출문제 유형
인천(2022)

▶ 다음 중 엔진오일의 색깔이 회색으로 점검되었을 때 원인으로 알맞은 것은?

① 헤드 개스킷의 불량으로 냉각수가 유입된 경우
② 블로바이에 의해 유연 가솔린이 유입된 경우
③ 피스톤링의 불량으로 연소생성물이 유입된 경우
④ 교환 주기가 많이 지나 오일이 심하게 오염된 경우

해설) ① 흰색 및 우유색
② 유연 가솔린의 경우 붉은색
④ 검정색으로 이물질이 만져짐

정답 ③

11 정답 ④

출제지수	★★	출제난도	★★★
출제파트	제10장 운전면허의 행정처분		

ⓐ : 술에 취한 상태의 기준(혈중알코올농도 0.03% 이상)을 넘어서 운전한 때에는 연습운전면허가 취소된다(시행규칙 별표 29).
ⓓ : 난폭운전을 한 경우는 시·도경찰청장이 운전면허를 취소하거나 1년 이내의 범위에서 운전면허의 효력을 정지시킬 수 있다(임의적 취소 또는 정지사유).

12 정답 ①

출제지수	★★	출제난도	★★★
출제파트		제12장 보칙	

◈ 시·도경찰청장은 다음의 권한을 관할 경찰서장에게 위임한다(시행령 제86조 제3항).

> 1. 원동기장치자전거 운전면허시험
> 2. **법 제91조 제1항 제3호(운전면허의 취소처분 또는 정지처분 대상자)에 따른 임시운전 증명서 발급**
> 3. 법 제93조에 따른 운전면허효력 정지처분
> 4. **법 제93조 제4항에 따른 운전면허 취소처분을 위한 사전 통지**
> 5. 법 제97조(국제면허증 또는 상호인정외국면허증 소지자)에 따른 자동차등의 운전 금지
> 6. 법 제106조 제5항 제6호(기능교육에 사용되는 자동차를 운전할 수 있는 운전면허의 효력이 정지된 경우) 및 제107조 제5항 제7호(기능검정에 사용되는 자동차를 운전할 수 있는 운전면허의 효력이 정지된 경우)에 따른 자격정지처분
> 7. 법 제161조에 따른 과태료(법 제160조 제1항에 따른 과태료는 제외)의 부과 및 징수
> ※ 차의 견인·보관 및 반환 업무를 대행하게 하는 권한은 특별시장·광역시장이 관할 구역의 구청장 및 군수에게 위임한다.

13 정답 ④

출제지수	★★	출제난도	★
출제파트		제1장 총칙	

도로를 통행하는 보행자, 차마 또는 노면전차의 운전자는 교통안전시설이 표시하는 신호 또는 지시와 교통정리를 하는 경찰공무원 또는 경찰보조자의 신호 또는 지시가 서로 다른 경우에는 **경찰공무원등의 신호 또는 지시에 따라야 한다**(법 제5조 제2항).

14 정답 ②

출제지수	★★	출제난도	★★★
출제파트		제14장 범칙행위의 처리에 관한 특례	

◈ 어린이 보호구역 및 노인·장애인 보호구역에서 범칙금이 상향되는 범칙행위

> 1. **신호·지시 위반**
> 2. **횡단보도 보행자 횡단 방해**
> 3. **속도위반**
> 4. 통행 금지·제한 위반
> 5. 보행자 통행 방해 또는 보호 불이행
> 6. 각종 정차·주차 관련 위반(법 제32조 ~ 법 제35조 제1항)

15 정답 ②

출제지수	★★★	출제난도	★★
출제파트	제4장 운전자 및 고용주 등의 의무		

◆ 운전 중 휴대용 전화를 사용할 수 있는 경우(법 제49조 제1항 제10호)

> 1. 자동차등 또는 노면전차가 정지하고 있는 경우
> 2. 긴급자동차를 운전하는 경우
> 3. 각종 범죄 및 재해 신고 등 긴급한 필요가 있는 경우
> 4. 안전운전에 장애를 주지 아니하는 장치로서 **대통령령으로 정하는 장치를 이용하는 경우**
> ※ "대통령령으로 정하는 장치"란 손으로 잡지 아니하고도 휴대용 전화(자동차용 전화를 포함)를 사용할 수 있도록 해 주는 장치를 말한다(시행령 제29조).

16 정답 ③

출제지수	★★★	출제난도	★★
출제파트	제8장 운전면허		

임시운전증명서의 유효기간은 20일 이내로 하되, **운전면허의 취소 또는 정지처분 대상자의 경우에는 40일 이내**로 할 수 있다. 다만, 경찰서장이 필요하다고 인정하는 경우에는 그 유효기간을 1회에 한하여 20일의 범위에서 연장할 수 있다(시행규칙 제88조 제2항).

17 정답 ①

출제지수	★★★	출제난도	★★
출제파트	제8장 운전면허		

◆ 운전면허 종별의 구분(시행규칙 별표 18)

종별	구분
제1종	대형면허 - 보통면허 - 소형면허 - 특수면허
제2종	보통면허 - 소형면허 - 원동기장치자전거면허
연습면허	제1종 보통 - 제2종 보통

18 정답 ①

출제지수	★★★	출제난도	★★
출제파트	제3장 차마 및 노면전차의 통행방법 등		

자전거등의 운전자는 다음의 어느 하나에 해당하는 경우에는 보도를 통행할 수 있다. 이 경우 자전거등의 운전자는 **보도 중앙으로부터 차도 쪽** 또는 안전표지로 지정된 곳으로 서행하여야 하며, 보행자의 통행에 방해가 될 때에는 **일시정지하여야 한다**(법 제13조의2 제4항).

1. 어린이, 노인, 그 밖에 행정안전부령으로 정하는 신체장애인이 자전거를 운전하는 경우. 다만, 전기자전거의 원동기를 끄지 아니하고 운전하는 경우는 제외한다.
2. 안전표지로 자전거등의 통행이 허용된 경우
3. 도로의 파손, 도로공사나 그 밖의 장애 등으로 도로를 통행할 수 없는 경우

19 정답 ②

출제지수	★★★	출제난도	★★
출제파트	제4장 운전자 및 고용주 등의 의무		

◆ 인명보호장구(시행규칙 제32조 제1항)

1. 좌우, 상하로 충분한 시야를 가질 것
2. 풍압에 의하여 차광용 앞창이 시야를 방해하지 아니할 것
3. **청력에 현저하게 장애를 주지 아니할 것**
4. **충격 흡수성이 있고, 내관통성이 있을 것**
5. 충격으로 쉽게 벗어지지 아니하도록 고정시킬 수 있을 것
6. 무게는 2kg 이하일 것
7. 인체에 상처를 주지 아니하는 구조일 것
8. **안전모의 뒷부분에는 야간운행에 대비하여 반사체가 부착되어 있을 것**

따라서 올바른 것은 ⓐ, ⓓ 2개이다.

20 정답 ③

출제지수	★★★	출제난도	★★
출제파트	제1장 총칙		

◆ 통행의 금지 및 제한(법 제6조)
① : 경찰청장 → 시·도경찰청장
② : 시·도경찰청장 → 경찰서장
④ : 시장등 → 경찰공무원

자동차구조원리 및 도로교통법규 7회 정답 및 해설

Answer

01 ②	02 ③	03 ③	04 ②	05 ③	06 ④	07 ④	08 ③	09 ②	10 ③
11 ①	12 ③	13 ④	14 ①	15 ②	16 ②	17 ④	18 ③	19 ②	20 ②

01 정답 ②
난이도 : B

② 노멀헵탄의 비중이 높아지면 옥탄가는 낮아지고 내폭성의 정도도 같이 떨어지게 된다.

기출문제 유형
교육청(2022)

▶ 다음은 어떤 방식의 흡입공기 유량 계측기에 대한 설명인가?

〈보기〉
㉠ 공기의 질량을 가장 정확하게 계측한다.
㉡ 대기압 및 온도 변화에 따른 오차가 거의 없다.
㉢ 클린버닝을 사용하여 측정부위의 오염 물질을 태워낼 수 있다.
㉣ 감지부의 응답성이 빠르다.
㉤ 가는 백금선을 이용한다.

① 베인 방식　　　　　　　　② 열선, 열막 방식
③ 칼만 와류식　　　　　　　④ MAP 센서

정답 ②

02 정답 ③
난이도 : C

정답	정답률(%)	응시인원	선지별 응답자 수 ①	②	③	④	오류
③	41.7	24	1	9	10	4	0

③ 요잉은 VDC(Vehicle Dynamic Control) or ESP(Electric Stability Program) 시스템에서 제어한다.

기출문제 유형
교육청(2021), 광주(2023)

▶ ECS(Electronic Controlled Suspension) 입력신호의 묶음으로 관련이 없는 센서를 포함한 것은?

① 도어 센서, 중력 센서, 차고 센서
② 제동등 스위치, 스로틀위치 센서, 차고 센서
③ 차속 센서, 스로틀위치 센서, 차고 센서
④ 대기압 센서, 스로틀위치 센서, 조향핸들 각속도 센서

해설 ECS에서 대기압 센서의 신호는 필요하지 않다.

정답 ④

▶ 전자제어현가장치(ECS : Electronic Controlled Suspension)에서 활용되는 동적제어에 대한 설명으로 틀린 것은?

① 차체가 선회할 때 – 앤티 요잉
② 급출발 및 급가속 시 – 앤티 스쿼트 제어
③ 요철을 지나갈 때 – 앤티 피칭 제어
④ 승객 승하차시 – 앤티 쉐이크

정답 ①

03 정답 ③

난이도 : D

정답	정답률(%)	응시인원	①	②	③	④	오류
③	73.9	23	0	1	17	5	0

① 다이오드 　　② 제너다이오드

③ 포토다이오드 　　④ 트랜지스터

기출문제 유형
전남(2018)

▶ 교류발전기의 설명으로 맞는 것은?

① 플레밍의 왼손 법칙에 따라 충전전류의 방향이 결정된다.
② 처음 발전 시에는 타·여자방식을 택하고 이후 여자다이오드를 활용하여 발전한다.
③ 전기자, 정류자, 오버러닝클러치는 회전하고, 계자코일, 브러시, 전자클러치는 회전하지 않는다.
④ 과충전을 막기 위해 전압조정기 내 정류자를 이용한다.

해설 ③번 선지는 기동전동기에 해당되는 내용이다.
　　　　④ 교류발전기에서 과충전을 방지하기 위해 전압조정기 내 제너다이오드를 활용한다.

정답 ②

04 정답 ②　　　　　　　　　　　　　　　　　　　　　　　　　　　　　난이도 : C

기동전동기의 감속비는 엔진의 회전저항이 커질수록 높아져야 한다. 감속비가 높아질수록 플라이휠의 링기어의 회전수는 낮아지고 전달토크는 커지게 된다(단, 피니언기어의 회전수가 일정하다는 가정하에).

> **기출문제 유형**　　　　　　　　　　　　　　　　　　　　　　　서울(2020)
>
> ▶ 시동 장치에 대한 설명으로 가장 옳지 않은 것은?
> ① 시동 장치는 스타터 모터(starter motor)와 플라이휠(flywheel) 또는 드라이브 플레이트(drive plate)로 구성되어 있다.
> ② 스타터 모터에서 피니언 기어의 회전축 방향으로의 이동은 마그네틱 스위치(솔레노이드 스위치로도 표기)에 의해 이뤄진다.
> ③ 시동 걸린 엔진의 회전이 스타터 모터를 파손하지 않도록 언더러닝 클러치(under-running clutch)를 사용한다.
> ④ 시동에는 저속의 강한 힘이 필요하므로 스타터 모터는 감속 기어를 거쳐 피니언 기어에 동력을 전달한다.
>
> **해설)** 시동 걸린 엔진의 회전이 스타터 모터를 파손하지 않도록 오버러닝 클러치를 사용한다.
> 정답 ③

05 정답 ③　　　　　　　　　　　　　　　　　　　　　　　　　　　　　난이도 : B

정답	정답률(%)	응시인원	선지별 응답자 수					
			①	②	③	④	오류
③	50	24	3	4	12	5	0

- CVVT(Continuously Variable Valve Timing) : VVT에서 제어하는 사이의 영역을 세분화하여 연속적으로 제어 가능
- CVVL(Continuously Variable Valve Lift) : 밸브가 열리는 정도(양정-Lift)를 제어
- CVVD(Continuously Variable Valve Duration) : 원심추 및 편심의 원리를 이용해 밸브가 열려있는 기간을 제어 → 압축압력 제어가능

> **기출문제 유형**　　　　　　　　　　　　　　　　　　　　　　　대전(2023)
>
> ▶ 내연기관의 가변밸브 타이밍 리프트(Variable Valve Timing Lift : VVTL) 기술 사용 시 나타나는 특성으로 옳지 않은 것은?
> ① 밸브 리프트, 위상이 연속적으로 변화한다.
> ② 흡입공기량을 흡기 밸브로 직접 제어한다.
> ③ 밸브오버랩을 제어할 수 있어 동력 성능이 향상된다.
> ④ 스로틀 밸브로 인한 펌핑 손실이 증가한다.
>
> 정답 ④

06 정답 ④

난이도 : A

- 동력전달 구조에 따른 분류 : 직렬, 병렬, 복합(동력분할형)
- 하이브리드화 수준(정도)에 따른 분류
  ㉠ 마일드(mild) 또는 소프트(soft)
  ㉡ 하드(hard) 또는 스트롱(strong)
  ㉢ 완전(Full)
- 마일드(Mild 또는 Soft)-하이브리드란 자동차의 두 동력원이 서로 대등하지 않으며, 보조 동력원이 주 동력원의 추진 구동력에 보조역할을 수행하는 유형으로, 대부분 보조 동력원(전기기계)만으로는 차량을 구동하기 어려운 하이브리드 자동차를 말한다.
- 스트롱(Strong 또는 Hard)-하이브리드란 하이브리드 자동차의 두 동력원이 거의 대등한 비율로 차량 구동에 관여하는 유형으로, 대부분 두 동력원 중 하나의 동력원만으로 차량 구동이 가능한 하이브리드 자동차를 말한다.
- 완전(Full)-하이브리드란 전기기계가 전장품 구동을 위해 전기를 생산할 수 있고, 주행 중 내연기관을 보조하는 기능 외에 전기주행 모드를 구현할 수 있는 하이브리드 자동차를 말한다.

> **기출문제 유형** 　　　　　　　　　　　　　　　　　　　　　　교육청(2019)
>
> ▶ 하드형 하이브리드 자동차의 특징으로 옳은 것은?
> ① 전기모터가 변속기에 설치되어 있다.
> ② 직렬형 하이브리드로 분류된다.
> ③ 중·고속의 정속 주행에서 모터를 구동하여 주행한다.
> ④ 출발 및 저속 주행 시 엔진과 모터를 동시에 구동한다.
>
> **해설)**
> - 소프트형(FMED-Flywheel Mounted Electric Device) : 모터가 엔진 측에 장착되어 있으므로 모터 단독 주행이 불가하다.
> - 하드형(TMED-Transmission Mounted Electric Device) : 모터가 변속기에 직결되어 있고 모터 단독 주행을 위해 엔진과는 클러치로 분리되어 있다. 모터와 엔진이 떨어져 있어서 엔진을 구동시키기 위해 별도의 스타터가 필요하다.
>
> 정답 ①

07 정답 ④

난이도 : C

CAN_High와 CAN_Low 선 양 끝단에 120Ω의 종단저항이 연결되어 있어 신호초기화, 일정한 전류 인가, 신호 간섭방지 등의 역할을 하게 된다. 참고로 CAN 선의 저항을 점검하기 위해 두 선의 저항을 측정하면 60Ω(120Ω 병렬연결의 합성저항)이 나오게 된다.

> **기출문제 유형**　　　　　　　　　　　충남(2016), 경남(2023), 전북(2023)
>
> ▶ 자동차의 LAN 통신의 한 종류인 CAN 통신의 특징으로 옳지 않은 것은?
> ① 자동차 설계변경 대응이 용이하다.
> ② 컴퓨터들 사이에 공동으로 사용하는 센서의 정보를 주고받을 수 있어 배선의 경량화가 가능하다.
> ③ CAN 버스라인을 병렬로 연결하여 원하는 데이터를 양방향 다중통신을 할 수 있다.
> ④ 데이터 전송은 2개의 채널에서 각각 2개의 배선(버스-플러스와 마이너스)을 이용한다.
>
> 　　　　　　　　　　　　　　　　　　　　　　　　　　　　정답 ④
>
> ▶ 자동차용 컴퓨터 통신방식 중 CAN(Controller area network) 통신에 대한 설명으로 가장 거리가 먼 것은?
> ① 일종의 자동차 전용 프로토콜로 모듈간 양방향 통신이 가능하다.
> ② 2개의 배선(HIGH, LOW)을 이용하여 데이터를 전송하기 때문에 노이즈에 강하고 확장성이 좋은 편이다.
> ③ 하나의 마스터 시스템의 분산화를 위해 사용되는 LIN(Local Interconnect Network) 통신보다 CAN 통신의 속도가 상대적으로 빠르다.
> ④ 데이터를 2채널로 동시에 전송함으로써 데이터 신뢰도를 높일 수 있다.
>
> 　　　　　　　　　　　　　　　　　　　　　　　　　　　　정답 ③
>
> ▶ 이모빌라이저(immobilizer) 시스템은 키와 자동차가 무선으로 통신되는 암호코드가 일치하는 경우에만 시동이 걸리도록 한 도난방지 시스템이다. 이 시스템의 구성장치가 아닌 것은?
> ① 액츄에이터(actuator)　　　　　② 트랜스폰더(transponder)
> ③ 스마트라(smartra)　　　　　　④ 안테나 코일(antenna coil)
>
> 　　　　　　　　　　　　　　　　　　　　　　　　　　　　정답 ①

08 정답 ③　　　　　　　　　　　　　　　　　　　　　　　난이도 : D

◆ 변속 특성
㉠ 시프트 업(shift up) : 자동변속기의 변속점에서 저속기어에서 고속기어로 변속되는 것
㉡ 시프트 다운(shlft down) : 자동변속기의 변속점에서 고속기어에서 저속기어로 변속되는 것
㉢ 킥 다운(kick down) : 급가속이 필요한 경우 가속페달을 힘껏 밟으면 시프트 다운되어 필요한 가속력이 얻어지는 것
㉣ 히스테리시스(hysteresis) : 스로틀 밸브의 열림 정도가 같아도 시프트 업과 시프트 다운 사이의 변속점에서는 7~15km/h 정도의 차이가 나는 현상. 이것은 주행 중 변속점 부근에서 빈번히 변속되어 주행이 불안정하게 되는 것을 방지하기 위해 두고 있다.

⑰ 리프트 풋 업(Lift foot up) : 리프트 풋 업은 킥다운 현상과 반대로 가속 중인 가속페달에서 발을 떼면 변속단이 1단계 고속기어로 변속되는 주행방식이다.

> **기출문제 유형** 대구(2019), 교육청(2022)
>
> ▶ 이력현상(히스테리시스)의 정의로 맞는 것은?
> ① 원활한 변속을 위해 변속시점에 엔진의 회전수를 150~300rpm 낮춰 주는 것을 말한다.
> ② 상향 변속과 하향 변속시점의 속도 차이를 두어 주행 중 빈번히 변속되어 주행이 불안정한 것을 방지하는 것을 말한다.
> ③ 자동차가 출발 시 구동력이 강하여 바퀴가 미끄러지는 것을 방지하기 위해 상향 변속하는 것을 말한다.
> ④ 주행 중 큰 회전력이 필요한 경우 하향 변속하여 순간가속이 원활하도록 하는 것을 말한다.
>
> 정답 ②

09 정답 ②   난이도 : B

㉠ 지렛대 비율 = 16 : 4 = 4 : 1
㉡ 푸시로드에 작용하는 힘 = 지렛대 비율 × 페달 밟는 힘
  ∴ 4 × 100N = 400N
㉢ 작동유압 = $\dfrac{400N}{5cm^2}$ = 80N/cm²

> **기출문제 유형** 경기(2022), 경남(2022)
>
> ▶ 브레이크 마스터 실린더의 단면적이 5cm², 마스터 실린더에 작용하는 힘이 20kg$_f$일 때 휠 실린더에 작용하는 압력은 얼마인가? (단, 휠 실린더의 단면적은 10cm²이다.)
> ① 2kg$_f$ ② 4kg$_f$
> ③ 2kg$_f$/cm²   ④ 4kg$_f$/cm²
>
> **해설)** 파스칼의 원리 = 입력 실린더의 압력과 출력 실린더의 압력은 같다.
>   마스터 실린더의 압력 = $\dfrac{20kg_f}{5cm^2}$ = 4kg$_f$/cm²
>
> 정답 ④

10 정답 ③

난이도 : E

정답	정답률 (%)	응시인원	①	②	③	④	오류
③	83.3	18	1	1	15	1	0

◆ 디젤 엔진 노크 방지 방법
㉠ 엔진의 회전속도를 높이고 압축비, 압축압력, 압축온도를 높인다.
㉡ 세탄가가 높은 연료를 사용하고 촉진제를 사용하여 지연을 방지한다.
㉢ 분사시기를 알맞게 조정하고 연료의 초기 분사량을 감소시켜 착화지연을 방지한다.
㉣ 흡입 공기에 와류를 발생시켜 연소 효율을 높인다.

기출문제 유형 교육청(2017), 전북(2017)

▶ 가솔린 엔진과 비교했을 때 디젤 엔진의 특징으로 맞는 것은?
① 과급기 장치를 추가하여 엔진의 무게를 줄이고 출력을 높일 수 있다.
② 고온, 고압에서 엔진의 노킹이 심하다.
③ 엔진의 무게가 가벼워 고속용 엔진에 주로 사용된다.
④ 고압 분사 시스템으로 소음과 진동이 크다.
해설) ① 과급기 장치를 통해 출력은 높일 수 있지만 엔진은 무거워진다.
② 고온, 고압에서는 착화지연이 발생될 확률이 낮다. 때문에 노킹이 잘 발생되지 않는다.
③ 엔진이 무겁고 큰 토크용 엔진에 주로 사용된다.

정답 ④

11 정답 ①

출제지수	★★★	출제난도	★★
출제파트		제4, 5, 6, 8장	

ⓒ 도로관리청이 도로에서 도로의 점용허가를 하였을 때에는 고속도로의 경우에는 **경찰청장**에게 그 내용을 즉시 통보하고, 고속도로 외의 도로의 경우에는 관할 경찰서장에게 그 내용을 즉시 통보하여야 한다(법 제70조 제1항).
ⓓ 어린이통학버스를 운영하려는 자는 행정안전부령으로 정하는 바에 따라 미리 **관할 경찰서장**에게 신고하고 신고증명서를 발급받아야 한다(법 제52조 제1항).

12 정답 ③

출제지수	★★★	출제난도	★★
출제파트		제1장 총칙	

「유료도로법」 제6조에 따른 유료도로에서는 **시장등의 지시**에 따라 그 도로관리자가 교통안전시설을 설치·관리하여야 한다(법 제3조 제1항).

13 정답 ④

출제지수	★★★	출제난도	★★
출제파트	제4장 운전자 및 고용주 등의 의무		

◆ 어린이통학버스의 신고 등(법 제52조)
① : 한국도로교통공단에게 신고 → 관할 경찰서장에게 신고
② : 승차정원 15인승(어린이 1명을 승차정원 1명으로 본다) 이상의 자동차 → 승차정원 9인승(어린이 1명을 승차정원 1명으로 본다) 이상의 자동차
③ : 앞면 창유리 우측상단 → 앞면 창유리 우측상단과 뒷면 창유리 중앙하단의 보기 쉬운 곳

14 정답 ①

출제지수	★★	출제난도	★★
출제파트	제4장 운전자 및 고용주 등의 의무		

경찰공무원은 **창유리의 가시광선 투과율 기준을 위반한 차** 및 불법부착장치를 한 차를 발견한 경우에는 그 현장에서 운전자에게 위반사항을 제거하게 하거나 필요한 조치를 명할 수 있다. 이 경우 운전자가 그 명령을 따르지 아니할 때에는 경찰공무원이 직접 위반사항을 제거하거나 필요한 조치를 할 수 있다(법 제49조 제2항).

15 정답 ②

출제지수	★★★	출제난도	★★
출제파트	제3장 차마 및 노면전차의 통행방법 등		

◆ 정차 및 주차의 금지(법 제32조), 주차금지의 장소(법 제33조)
ⓐ : 5+ⓑ : 10+ⓒ : 5+ⓓ : 5=25

16 정답 ②

출제지수	★★★	출제난도	★★
출제파트	제7장 교통안전교육		

◆ 긴급자동차 운전자에 대한 교통안전교육(시행령 제38조의2)

> 1. 신규 교통안전교육 : 최초로 긴급자동차를 운전하려는 사람을 대상으로 실시하는 교육
> 2. 정기 교통안전교육 : 긴급자동차를 운전하는 사람을 대상으로 **3년마다 정기적으로 실시하는 교육**. 이 경우 직전에 긴급자동차 교통안전교육을 받은 날부터 기산하여 3년이 되는 날이 속하는 해의 1월 1일부터 12월 31일 사이에 교육을 받아야 한다.

17 정답 ②

출제지수	★★★	출제난도	★★
출제파트	제1장 총칙		

ⓐ는 "자동차등", ⓑ는 "자전거등", ⓔ는 "자전거"의 정의에 해당한다.

> "원동기장치자전거"란 다음의 어느 하나에 해당하는 차를 말한다(법 제2조 제19호).
> 1. 「자동차관리법」 제3조에 따른 이륜자동차 가운데 배기량 125cc 이하(전기를 동력으로 하는 경우에는 최고정격출력 11kW 이하)의 이륜자동차
> 2. 그 밖에 배기량 125시시 이하(전기를 동력으로 하는 경우에는 최고정격출력 11킬로와트 이하)의 원동기를 단 차(「자전거 이용 활성화에 관한 법률」 제2조 제1호의2에 따른 전기자전거 및 제21호의3에 따른 실외이동로봇은 제외한다)

18 정답 ③

출제지수	★★	출제난도	★★
출제파트	제7장 교통안전교육		

◆ 특별교통안전 의무교육 대상자(법 제73조 제2항)

> 1. 운전면허 취소처분을 받은 사람으로서 운전면허를 다시 받으려는 사람
> 2. 제93조 제1항 제1호(음주운전)·제5호(공동 위험행위)·제5호의2(난폭운전)·제10호(고의·과실 교통사고 야기) 및 제10호의2(보복운전)에 해당하여 운전면허효력 정지처분을 받게 되거나 받은 사람으로서 그 정지기간이 끝나지 아니한 사람
> 3. 운전면허 취소처분 또는 운전면허효력 정지처분(제93조 제1항 제1호·제5호·제5호의 2·제10호 및 제10호의2에 해당하여 운전면허효력 정지처분 대상인 경우로 한정한다)이 면제된 사람으로서 면제된 날부터 1개월이 지나지 아니한 사람
> 4. 운전면허효력 정지처분을 받게 되거나 받은 초보운전자로서 그 정지기간이 끝나지 아니한 사람
> 5. 어린이 보호구역에서 운전 중 어린이를 사상하는 사고를 유발하여 벌점을 받은 날부터 1년 이내의 사람
> ※ ③은 특별교통안전 권장교육 중 법규준수교육(권장) 대상자이다.

19 정답 ②

출제지수	★★	출제난도	★★
출제파트	제8장 운전면허		

◈ 운전적성판정위원회의 설치 및 운영(시행규칙 제87조)

구 분		내 용
설치목적		운전가능성의 여부와 수시적성검사의 합격여부를 판정하기 위하여 설치
설치장소		한국도로교통공단의 운전면허시험장
구 성	위원수	**위원장을 포함한 5명 이상 7명 이하의 위원으로 구성**
	위원장	한국도로교통공단의 운전면허시험장의 장
	위 원	교통전문가, 해당분야 전문의, 한국도로교통공단 소속 직원 중 위원장이 지명하는 사람
정족수		재적위원 3분의 2 이상의 출석과 출석위원 과반수의 찬성으로 의결
기 타		① 판정위원회의 위원장 및 위원은 수시적성검사의 합격여부의 판정과 관련하여 공정성을 해치는 행위를 하여서는 아니된다. ② 그 밖에 판정위원회의 운영에 관하여 필요한 사항은 한국도로교통공단이 정한다.

20 정답 ②

출제지수	★★	출제난도	★
출제파트	제2장 보행자의 통행방법		

◈ 차도의 우측으로 통행하여야 하는 행렬등(시행령 제7조)

1. **말·소 등의 큰 동물을 몰고 가는 사람**
2. 사다리, 목재, 그 밖에 보행자의 통행에 지장을 줄 우려가 있는 물건을 운반 중인 사람
3. 도로에서 청소나 보수 등의 작업을 하고 있는 사람
4. **군부대나 그 밖에 이에 준하는 단체의 행렬**
5. 기 또는 현수막 등을 휴대한 행렬
6. **장의 행렬**

순전지 봉투모의고사 답안지

운전직 봉투모의고사 답안지